今、あなたがいるのは
NOW, IT'S NOT A BOTTOM
どん底じゃない。
THAT YOU ARE.
これから上がっていくだけの
IT'S ONLY A STARTING LINE
スタートラインなんだ
WHICH WILL GO UP FROM NOW ON.

千代鶴直愛
NAOYOSHI CHIYOZURU

Nanaブックス

ブックデザイン◎渡邊民人／新沼寛子（TYPEFACE）
本文イラスト◎Vivian Chang

はじめに　どん底まで落ちた男が突然見たビジョン

クリスマスが迫るある冬の夜、男はコートも着ないまま自宅を飛び出すと、家の近くにある小さな公園のベンチに力なく腰を下ろした。公園の時計の針は深夜の2時を指していた。男は、ぐったりと落とした頭を両手で支え、うつむいたまま目を閉じた。環八を走るクルマの音が聞こえた。時折、大型トラックがけたたましい爆音を上げて、通り過ぎていった。クルマの音が一瞬聞こえなくなると、今度は、ベンチの冷たさが身に染みてきた。男はブルブルと体を震わせ、さらに身をすくめた。

男が深夜にこの公園にやってくるのは、決まって、妻と口論をした後だった。

「今月の家賃はどうするの？」「この子のオムツ代だってかかるのよ！」「世の中の男の人はみんな必死で働いて妻子を養っているのに、あなたは父親として私たちを養うっていう自覚はあるの？」「どんなことがあっても何とかしてくれると思ったから結婚したのに、こんなに無責任な男だとは思わなかった」「この調子じゃ、クリスマスだって何にもできないでしょ！」「私の青春返して！」「私の人生返して！」

まくし立てるような妻の口撃に、思わず男も「わかっているよ！　オレだってがんばっているんだ。好きでこんな生活をしているんじゃない！」と反撃をするものの、妻の反撃は決まって倍になって返ってきた。プライドをズタズタにされた男は、こみ上げる怒りを抑えることができず、「ふざけるな！　オレだって必死なんだ！」とだけ大声で言い放つと、そのまま家を飛び出すしかなかった。これ以上エスカレートすると、手を出してしまいかねないからだ。

男の人生が狂いだしたのは、若干27歳にして脱サラをしてからだった。地方の高校を卒業後、東京の有名大学に進学、卒業と同時に大手保険会社に就職、25歳にして独立を夢見て人材系の大手企業に転職というキャリアを歩んできたが、そこまでは、特にこれといった苦労など何もなく、むしろ、世間一般から見れば、順風満帆、かなり恵まれていたほうだといえる。

ところが、27歳という若さで会社を辞めてからすっかり人生が変わってしまった。28歳の時、ある会社のオーナーに見込まれ、そこの新規事業子会社の社長になるという幸運に恵まれたが、設立からわずか1期で解雇され、30歳にして、完全に路頭に迷う羽目に陥ってしまったのだ。ちょうどその年、結婚、そして長男の誕生が重なっていた。

今さら会社勤めもできないと考えた男は、次なるビジネスを模索していたが、手に職もなく、資金もない男にすぐに立ち上げられる事業などない。結局、ガードマンや工事現場の作業員など、夜の日雇いのアルバイトでその場をしのぐような生活に陥ってしまったのだ。そのほかにも内職を妻と2人でこなしたりもしたが、月収は合わせて10数万円。家賃と水道光熱費を払ったら、ほんのわずかしか残らないというカツカツの生活になってしまっていた。希望の光がまったく見えなかった。そんな状態だったから、妻との夫婦げんかが絶えなかったのだ。

「オレは、一体どうしてこんなふがいない男になってしまったのだろう……」冴えない自分に対する怒り、憤り、妻一人幸せにできない罪悪感と無力感、そして、世間から完全に見放された孤独感……。男は、そんな得体の知れない重苦しい感情に支配されていた。「これからどうして生きていったらいいのだろう……？」

途方に暮れた男は、すっかり冷え切っていた体を起こし、夜空を仰いだ。雲の切れ目からは2つ3つと星が顔をのぞかせていた。冬の澄んだ空気のせいか、星はキラキラと明るくきらめいていた。男は、しばらく一つの星をじっと見つめた。

すると次の瞬間だった。男は突然、不思議な感覚に包まれた。自分が宇宙に抱かれているという感覚になったのだ。宇宙に吸い込まれ、宇宙と一体になったかのような感覚である。「自分」という「個体」が空を見ていたはずなのに、「自分」という感覚がなくなり、「全体」の中にすべてが溶けていったのだ。

それは妙に心地の良い感覚だった。そんな至福の状態にしばらく身を委ねていると、やがて男は落ち着きを取り戻しはじめた。寒さで緊張していた体も幾分柔らかくなってきた。と同時に、男はこんなふうに直観的に感じ取った。

いま自分が置かれている状況は、万物が刻々と移りゆく中のほんの一場面にしかすぎないのだ。そして、すべての事象が、完璧に過去から現在、そして未来へと繋がっていて、意味のない出来事など、何一つ起こらないのだ。だから、心配をすることなど何もないのだ。

そんなメッセージを受け取った男の脳裏に、ふと思いも寄らない考えが浮かんだ。

「そうか！　今のオレの経験は、将来、講演やセミナーをするために必要な経験なんだ。そこで話す大切なネタになっているんだ。本も書いているに違いない。この経験が、多くの人を励まし、力づけるための大きな力になっているんだ！　今どん底の経験をしているけど、これが将来、最大の宝になる時が来るんだ！」

再び目を閉じると、今度は、ホテルの玄関でタクシーから降りた自分を、スーツ姿の紳士数人が丁重に出迎えてくれるシーンが浮かび上がった。全国を飛び回って、講演をしている自分の姿だった。

この「男」とは、32歳の私だ。その後、すぐに生活が激変したわけではない。アルバイトで食いつなぐようなカツカツの生活はしばらく続いたが、それでも、**以前と違い、心は夢と希望に満ちていた。頭の中には、いつもこのビジョンが強く宿っていたからだ。そのことに意識を向けるだけで、エネルギーが高まり、ワクワクした気分になれた。**

やがて、徐々にではあったが、目の前に希望の光が差し込み始めるようになった。私が描いたビジネスやライフスタイルを、すでに実現している人たちと出会えるようになってきたのだ。「こんな人がいるんだ！　オレも彼らのようになりたい！」そんな出会いがポツポツと起き始めると、私はそこから加速度的に夢を手繰り寄せていった。

そして、公園で星を眺めたその日から2〜3年のうちに、その時見たビジョンを叶えている自分に出会うことができたのだ。現在は、企業研修やコンサルティング、コーチング、講演、執筆等、人材育成にかかわるビジネスを幅広く展開しているが、そのスタートを切れたのは、すべてこの頃だった。

その後もさまざまな波乱があり、一筋縄ではいかない人生を送ってきた。発展途上で、まだまだ成功したとは言えないけれども、**現在は、当時夢見た仕事を、当たり前のようにこなしている**。自分らしいスタイルで仕事ができ、充実感や達成感を得ることができている。

仕事でかかわる人たちとは、例外なく互いにリスペクトし合える極めて良好な関係を築けている。仕事を発注してくれるクライアントは、ほとんどが有名大企業だが、よくこんな私のような泥臭いキャリアの人間に大切なエリート社員たちの教育を任せてくれるものだと思う。

私自身は、何人かのメンターとの出会いや、目指している分野ですでに成功をしている人たちとのご縁、さらにはいくつかの幸運にも恵まれ、本当にどん底から這い上がってくることができた。しかし、なにも私が特別な存在だからというわけではもちろんない。むしろ、私などは、小学校3年生まで祖父が身のまわりの世話をすべてやってくれ（トイレにまでついてきてくれた！）、おまけに公務員だった両親は優しく大らかで、叱られた経験もなく、欲しいものは大抵何でも買ってもらえるという超過保護の家庭環境で育ってきた、超甘ちゃんでハングリー精神の乏しい人間なのだ。そんな私でも変われるのだから、変われない人など一人もいないと私は確信している。

事実、私がこれまでに企業研修やコンサルティング、コーチング等を通してかかわらせていただいた人たちの多くが、劇的な変貌を遂げている。

中には、全国で400数十店舗を展開する大手小売業で、業績がワースト20に入るような不振店だった店舗の店長が、店長研修をきっかけに、なんとわずか3カ月で全国1位の業績を誇る優良店にまで昇り詰めてしまった例もある。

また、ある銀行では、10年も係長職にとどまっていた人たちが、私の研修を境に意識が変わり、その4カ月後に課長代理に数人が昇格のケースもある。

私がコーチングをした有名外資系企業の事業本部長は、2年連続で業績が下降の一途をたどり、遂には対前年度比80％というところまで落ち込んでいた。「クビも秒読み」と言われていたが、私のコーチングからわずか半年でV字回復を達成することに成功した。

また、長年業績の低迷に苦しんでいたある地方の中堅企業では、私がコンサルティングをする幹部合宿を行った後、たった2カ月で、7年ぶりに売上記録を更新することに成功し、見事に成長軌道に乗せることができたのである。

私は戦略系コンサルタントでもなければ、マーケティングのプロでもない。だから、クライアントさんたちに、具体的な戦略やマーケティングの特別なノウハウや営業スキルをお教えしているのではない。スキルやノウハウは、ほとんどと言っていいほど、お伝えしていない。にもかかわらず、なぜ顕著な結果が、業種や職種、あるいは立場を超えて起きるか。その理由は、徹底して、一人ひとりの「内なるパワー」を引き出すことに専念しているからだ。

21世紀になってから、ビジネスパーソンとしての成果に違いをもたらすものは、専門知識やスキルよりも、価値観や主体性、特性、モチベーションといったマインド面にあり、そこを強化しなければ、本当に高いパフォーマンスを発揮することができないと言われるようになった。私がクライアントたちに提供している価値は、ズバリ、これら**「スタンス（あり方）」を強化する**ところにある。

この領域は、これまでいちばん教育が難しいとされてきた分野だ。難しいがゆえに、私のところに相談が多く寄せられるようになってきているのだと思う。この本では、あなたの人生が劇的に良くなる方法を、余すところなく公開する。普段、コンサルティングや研修等で結果が出ているノウハウを、ここで出し惜しみすることなくお伝えしたい。


変化のきっかけをつくるのは「ビジョン」であり、前に進む原動力となるのは「内なるパワー」だ。この二つがあれば、確実に人生は大きく変わり始める。この二つがそろった時、戦略やロジックが初めて絶大な効果を発揮する。あなたが、今、いかなる悩みを抱えていたとしても、いかなる壁にぶつかっていたとしても、必ず、それを突破する力が、あなたの中には眠っている。さあ、今こそ、内なるパワーを解き放つ時だ！

第3章 「内なるパワー」を解き放つ6つのステップ

第4章　「突き抜ける人」になるための9つの習慣

第5章　もっと「突き抜ける人」になるための8つの思考

第1章 本物の強さを身につけて、不安を吹き飛ばせ！

カオスの時代に生きる迷える子羊たち

「不安」……今、日本の大多数のビジネスパーソンの気持ちを一言で表現するとしたら、この2文字ではないだろうか。この本を手に取っているあなたも、大なり小なり、「これから日本はどうなるんだろう？」「うちの会社将来は明るいんだろうか？」「自分たちの未来は大丈夫なんだろうか？」という得体の知れない不安を抱えているのではないかと思う。

あなたは、「希望を持つためにこの本を買ったのに、いきなりそんな暗い話か？」とがっかりするかもしれないが、こういう話から始めたのには、実はちゃんとした訳がある。サッカーを思い浮かべてほしい。ディフェンダー陣がしっかり相手の逆襲に備えて守っているからこそ、アタッカー陣は思い切って前に攻めていける。ディフェンダー陣までがみんな敵を無視して攻撃に参加し始めたら、恐らく、アタッカー陣もオチオチ攻撃に専念できないはずだ。

つまり、私が言いたいのはこういうことだ。**得体の知れない不安があるのに、それを見て見ぬふりをしていると、余計に不安は膨らむものなのだ。そうではなく、しっかりと不安の正体を直視し、最悪の場合も想定して、心の準備をしておけば、必要以上に不安を感じることな**

く、夢に向かって全エネルギーを注ぐことができるのだ。

よほどの能天気な人間か、何も考えていない人間でない限り、日本経済の現状を考えれば、先行きに不安を持つのが当たり前だろう。

長引く不景気の中、会社からいつかリストラされるかもしれないという危機意識は、いまや大部分のビジネスパーソンが抱いている。それなりの業績を上げ、評価を得ている人間でも、いつお払い箱になるかわからない時代だ。M&Aに伴う人員整理もあるだろうし、多くのコールセンターが続々と中国に移転しているように、今まであった部署や機能が、まるごと海外に移管されてしまうということも頻繁に起き始めている。高いレベルのマネジメント力が求められるプロジェクトマネジャーや、高度な専門技術を有するエンジニアはともかく、比較的単純な仕事に従事している人たちは、どんどん時給の安い中国人やインド人にその職を奪われている。つまり、**会社の中でどんなにがんばっても、もはや会社はあなたを守ってくれない時代に突入しているのだ。**

それどころか、そもそも会社という存在そのもの自体が、今後も永続的に存在するかどうかも甚だ怪しくなってきている。1982年に、日経ビジネスは「会社の平均寿命は30年」というデータを発表したが、その後、それは年々短縮され、2009年時点では、なんと7年にまで短縮されているのだ。これは会社という制度そのものが機能不全を起こし、末期のステージに入ったことを表している。

会社の危機だけではない。日本という国家に目を転じてみると、事態はさらに深刻だ。日本政府の総債務残高は１９８０年以降年々膨らみ続け、２０１２年にとうとう１１００兆円を突破する見込みだ。そして、政府が保有する金融資産を差し引いた純債務残高、いわば国としての借金も１９９１年以降増え続け、２００５年、２００６年の2年間のみ若干減少したものの、その後また急カーブを描いて増え続け、２０１２年には６４０兆円にまで到達すると予測されている。財政赤字も２０１２年は４７６兆円にまで膨らむと考えられている。少子高齢化が進むこの先、財政赤字が減少していく見込みは何もない。税収は40兆円なのに、歳出は90兆円を超えるのだから。

このままいけば、いつ国家財政が破たんしてもおかしくない。もし最悪、国家財政が破綻したら、日本円は紙切れ同然となってしまう。ハイパーインフレの到来だ。そうなったら、外貨で相当な資産を形成している一部の大金持ちは別として、大抵の日本人は、一文無し同然となってしまうのだ。

国家の財政が破綻すれば、同時に、年金制度や医療保障制度等も破たんする。日本の国際信用力は地に落ちるから、連動して、日本の大企業は軒並み倒産の憂き目を見ることになり、未曾有の大恐慌が起きる。つまり、戦後の焼け野原と変わらない状態が起きる可能性があるのだ。

さらにわれわれ日本人は、もう一つ大きな不安に直面している。大震災の恐怖だ。関東地方での大震災は、過去、一定の周期で起きている。1633年の寛永小田原地震、1703年の元禄地震、1782年の天明小田原地震、1853年の嘉永小田原地震、そして、1923年の関東大震災と、その周期は70年から80年だ。この本を書いている2012年は、関東大震災から79年目に当たる。この周期から考えると、首都直下型地震がいつ起きても何ら不思議ではない。東京地震情報によれば、マグニチュード7・3の首都直下型地震が起きれば、被害総額は112兆円に上るという。地震一発で国家予算が丸ごと吹き飛ぶ計算だ。

このように現実を冷静に見れば見るほど、今、われわれ日本人は、極めて不安定な社会情勢の中に生きているということが言えるのだ。そんな中で、未来のことを考えれば考えるほど、混沌として迷いまくるのは、実は、ごくごく当然のことなのだ。

問題は、そんな混沌とした先行き不透明な時代に、どんなマインドを持って力強く生きていくかだ。それについて、次項以降で触れていきたい。

パラダイムチェンジは秒読み段階に来ている！

前の項で述べたように、日本経済の長期にわたる低迷とそれに伴う雇用状況の悪化、少子高齢化による国力の低下、国家財政の破綻の危機、震災の危機など、挙げだしたらきりがないほどの不安要素を、私たち日本人は抱えているが、この現象をどう読みとるかが大事だ。

目の前に起きている現象を見て一喜一憂するのではなく、今、時代がどのような局面を迎えているのか、より高い視点とより広い視野で俯瞰してみる必要がある。

天才理論物理学者といわれたピーター・ラッセルが、1985年に著した『グローバル・ブレイン～情報ネットワーク社会と人間の課題』（吉福伸逸訳　工作舎）という本がある。この本は当時知識人の間で非常に話題となった。グローバル・ブレインとは、人類が築き上げてきた社会が、地球という一つの生命体「ガイア」の神経系になりつつあり、地球が大きな一つの脳として活動し始めるという概念だ。地球という大きな視野で見ると、たしかに、この20年ほどの急速な情報インフラの整備により、人間と人間のネットワークが、脳内の細胞を結ぶ無数の神経繊維のようになっていると捉えることができる。

そして、驚くべきことは、今から30年も前、つまり、まだインターネットすらなかった時代に、彼が予見していた未来が、今、次々と実現していることだ。

彼は、人類の長い歴史を「雇用」という軸で分析し、来るべき未来を予見している。つまり、主要産業の変遷を捉えることができれば、次に来る主要産業も予想できるというわけだ。それによると、人類の歴史は、「狩猟の時代」に始まり、その後「農業の時代」が長く続く。そして、18世紀後半に起きた産業革命を機に「工業の時代」に突入し、製造業に従事する人口がいちばん多くなった。そして、1975年あたりから「情報の時代」に入り、IT系の職業に従事する人口がもっとも多くなった。この人類の歴史は、有名な「マズローの欲求の五段階説」の下位の欲求から順番に満たしていく過程でもあるという。つまり、産業の変遷＝産業の発展というのは、「生理的欲求」→「安全の欲求」→「所属と愛の欲求」→「承認の欲求」を順番に満たしていくプロセスだったというわけだ。

そして、彼によると、21世紀の初頭には、「情報産業」を凌駕する産業「意識産業」が主要産業になると述べている。マズローの欲求の五段階説でいえば、いよいよ最上位の欲求、すなわち「自己実現の欲求」を満たすための産業が主要産業になるというわけだ。
彼は、次のように述べている。

情報テクノロジーに従事する人の数は6年ごとに倍増し、コンピューターは毎年2倍の能力を持つようになっている。たしかに情報産業は急速に成長するであろうが、それが人間活動のうちでもっとも成長の速い分野というわけではないだろう。意識の転換に向けての動きは、さらに速く成長する兆候を示している。なぜなら、この分野にかかわっている人の数は、約4年ごとに倍になっている。「意識」の曲線はやがて情報の曲線に追いつき追いこすことだろう。1978年アメリカの世論調査で200万人。次の世紀のはじめごろには、「意識処理」の雇用曲線が情報処理を凌駕する地点に到達するだろう。その時、人間の意識の進化は、人類の活動のもっとも支配的な分野になり、われわれは、「情報の時代」から「意識の時代」へ転換を遂げるであろう。

これは食料、物質的財産、情報が十分に満たされ、人間の活動の主要な推進力が内的フロンティアの探求へ向かうことができるようになる時を表している。自己開発が第一目的となり、今日電卓やカセットテープに親しんでいるのと同様に、瞑想や霊的体験に親しむことになるだろう。きっと次の世紀のうちに地球のほぼ全域で意識の開発が人類の活動の中心をしめるようになるだろう。

目の前に流れる川を、至近距離から見つめるだけでは、「この川は南から北に向かって流れている」としか捉えられないが、上空高くから俯瞰をして見れば、どの山に端を発し、どの海に向かって流れているかという大局を捉えることができるようになる。

途中でジグザグに蛇行をしている箇所もあるだろうが、それは大きな流れからすれば大した意味は持たない。私たちが向かっている先がどこなのかを、大局的に捉えることが大切だ。

短期的に捉えると、大きな混乱と逆境が私たちの行く手に待ちかまえているように見えるが、それは時代の変わり目、産業構造の転換の時期には常につきものなのだ。

ピーター・ラッセルの予想からすると、**近年の日本の歴史でいえば、１８６８年の明治維新、１９４５年の終戦に匹敵するような、あるいはそれ以上のパラダイム転換が間もなく起きる可能性が高い**のだ。歴史の転換点には、従来の社会、政治、経済すべてのシステムが崩壊する。価値観も大逆転する。それまでの英雄が一夜にして犯罪者になるのだ。

私たちはそんな時代の大きな変わり目に生きているということを、まず自覚する必要があるのだ。

組織に依存しない

内閣府がまとめた『日本経済2011―2012』によると、2011年9月時点で「雇用保蔵者数」が465万人に達したという。聞きなれない言葉だが、「雇用保蔵者数」とは、最適な雇用者数と実際の常用雇用者数との差、すなわち企業の余剰人員数（＝社内失業者数）を表している。国内の全雇用者数は約5470万人なので、「雇用保蔵率」は、全体の8・5パーセント、つまり、12人に1人は、「大した仕事はないが企業がリストラできないため仕方なく雇用し続けている社員」ということになる。

まだ企業に余力のあるうちは、社長が、新年度のあいさつで、「わが社の社員、5万人の雇用は必ず守ります！」などと、何の根拠もなく宣言できたが、もはや、社長がそんな言葉を吐いたとしても、誰も信じない時代に突入した。実際に、超大手企業が、続々と、大量リストラに踏み切るようになった。最初のターゲットは、40代、50代の中高年社員たちだが、徐々にキャリア格差のつき始めた30代後半の社員たちも、そのターゲットになっていくだろう。

そして、何よりももっとも危機的な状況に見えるのは、そんな緊急事態になっているにもかかわらず、大企業の上層部にいる人たちが、まったくもって大企業病から抜け出せず、相変わらず、ぬるま湯に浸りきったままでいることだ。

今、企業は、早急なイノベーションが必要であるにもかかわらず、若手からの新規事業や業務改革などの前向きな提案は、ことごとく上層部から潰されてしまう。飲み会の席で先輩にアイデアを話すと、「それいいな！」「うちの会社もそうあるべきだよ！」「よし、オレが早速今度、部長に話してやるよ！」などと応援してくれるものの、実際に先輩が部長に打診してみると、やれ、コンプラがどうの、根拠が足りない、役所が認めてくれないだろう等々、なんだかんだとケチをつけられて、結局おじゃんになってしまう。そして、会社は何一つ変わらない。


新商品の開発スピードに至っては、大企業はステゴザウルスなみの遅さだ。何百枚にもわたる企画書をまとめるのに数カ月、それが役員会議にかけられてから稟議《りんぎ》が下りるまでに早くて数週間、ようやくゴーサインが出て、やっと開発工程に入るといった具合なので、立案から完成、市場で販売までには短くても1年、ひどいときには、2〜3年の年月がかかってしまう。

そして、数十億円を投下して、満を持して市場に出した時には、もうとっくに時代のトレンド、消費者のニーズが変わっていて、数千万円の売上しか上げられず惨敗、撤退を余儀なくされる、などということが起きてしまうのだ。これでは、若手の精鋭たちが立ち上げたＩＴベンチャーに太刀打ちできるはずがないのである。

そして、そんな会社の体制に不満を抱き、会社の未来、自分たちの未来に危機感を募らせている30代の中堅社員たちも、同僚や職場の仲間と、「このままじゃ、うちの会社本当にまずいよ！　絶対に変えていかないと」と居酒屋で熱く議論を交わすものの、最後は、「でも上が頭固いからどうしようもないよな。オレたちの意見は、どうせ全部潰されるんだし……。上層部があれじゃウチは変わらないな。まあ、うちみたいな会社が潰れる時は、日本全体が沈没する時だからしょうがないか」という結論でめでたく（？）終わってしまうのが日常ではないだろうか。そして、次の日も何も変わらない。

今の大企業の状況は、幕末に、ペリーの来航を機に薩長を中心に尊王攘夷の機運が高まり、時代が大きく動き始めた中、幕府や藩に仕えている役人たちが、相変わらず自分の地位を守るために策を弄《ろう》していた構図とよく似ている。

進化論を唱えたチャールズ・ダーウィンが言ったとされる有名な言葉がある。

「生き残るのは、もっとも強い生き物でももっとも賢い生き物でもなく、変化に適応できた生き物だけである」

今は、明らかに激動の時代である。それも、数十年単位で訪れる波ではなく、ひょっとすると、数千年単位の大きな波かもしれない。

そんな**激動の時代の中、生き残っていけるのは、変化に柔軟に適応できる者、すなわち、自らを変えていくことのできる者だけなのである**。自らを変えていくということは、時には、自らのアイデンティティさえも真っ向から否定して、新たに学ぶべきものを貪欲に吸収し、自らを再構築することのできる勇気と潔さと謙虚さとを併せ持っているということでもある。

企業に属していようがいまいが、何かにしがみつくのではなく、**個として自らの意思で立ち、自ら社会の課題やニーズ、そこに存在するビジネスチャンスを察知し、人を巻き込んで高い価値を創造していける人材でなければ生き残っていけない**。常に変化を感じ取り、その中で自ら研鑽と改善を続け、自らを変化させていける人間でないと、生き残っていけないのだ。

くどいようだが、もう会社はあなたを守ってはくれない。国も守ってはくれない。誰もあなたを守ってくれる人などいないのだ。もしも、今よりもより良い生活、より充実した人生を送りたければ、そのことをはっきりと認識した上で、**自らの能力や特性を最大限に活かしたビジネスモデルを、自ら構築していく**以外にはないのだ。

これまでの固定概念に縛られない

フランスのミッテラン大統領の大統領補佐官を務めた後、ヨーロッパ復興開発銀行の初代総裁を務めた〝ヨーロッパ最高の知性〟と謳われるジャック・アタリ氏が書いた『21世紀の歴史―未来の人類から見た世界』(林昌宏訳・作品社)には、かなり衝撃的な未来の〝歴史〟が描かれている。

彼によると、アメリカを中心とした世界は2025年に終焉を迎え、その後、新たに「3つの波」が世界にやってくるという(アメリカ帝国は崩壊すると予想している)。

第1の波は、「超帝国」という波。教育、医療、そしてなんと軍事までもが、国家の衰退にともなって巨大グローバル企業(アタリ氏は、これを「超帝国」と呼んでいる)の役割になる。市場が政府を破壊し、資本主義が民主主義を破壊する。企業のあり方も大きく様変わりし、一製品を市場に送り出しては解散する「劇団型企業」と、彼らを市場に紹介する「サーカス企業」が、市場をリードするとしている。そして、そういった巨大企業を所有するのが、世界中を自家用ジェットで自由に行き来する「超ノマド」と呼ばれる超富裕層だ。(「ノマド」と

は遊牧民の意)

そして、第2の波は、「超紛争」という波。国家が弱体化するために世界各地で地域紛争が頻発する。安い武器の広がりにともなって、世界の人口の大部分を占める「下層ノマド」(生活の糧を求めて世界中を彷徨う人々)たちの不満が爆発する形で、世界中で紛争とテロが勃発する。現在、アフリカで起きている紛争が、先進国にも広がるという。

そして、第3の波は、「超民主主義」の波である。第1の波はお金による人類の破滅を、そして、第2の波は戦争による人類の破滅を結末として迎える最悪のシナリオだが、ジャック・アタリは、この第3の波が、前の2つの波よりも早く訪れることを望んでいる。「超民主主義」とは、市場をつくるメンバーでも、紛争を起こすメンバーでもなく、いずれの動きにも加担しないトランスヒューマンとしての個人(他人の幸せを自分の幸せと思える個人)と、世界の課題を解決する調和重視企業とが世界をリードすることによって、世界にバランスを取り戻すことができる、と説いている。

しかし、アタリ氏は、これからわずか10数年から30年の間に、第1の波と第2の波が確実にやってくると予見している。こんなにも早く訪れるかもしれない人類の危機を、私たちは果たして救うことができるのだろうか？　さあ、あなたは、この未来予想図をどう見るか？

こんな衝撃的な話題を出したのは、これから10年、あるいは20年のうちに、われわれの想像をはるかに超える大きな変化が世界に押し寄せる可能性が高いということ、そして、そんな時代の変化に伴って、それまで価値があるとされてきたものが、まったく価値を持たなくなったり、それまで尊敬されていた人たちが戦犯扱いされたりするような大どんでん返しが起きるということを言いたかったからだ。

今から１４０年前までいちばん身分の高かった侍は、明治維新とともに完全に職を失ったし、70年前まで憧れの職業だった軍人は、太平洋戦争の終戦とともに戦犯となった。

今まで固く信じて疑わなかった価値観が、もろくも崩壊、逆転してしまう時代なのである。いつ、ガラガラポンが起きるかはわからない。それでも、私たちは力強く生きていかなければならない。

これだけ先の見えない、変化の激しい時代を生き抜いていくためには、前にも言った通り、変化に対応する能力を身につけることが何よりも大切になる。どんどん過去の成功パターンやセオリーが通用しなくなってきているのだから、これまで築いてきたノウハウや知識に頼るのではなく、むしろ潔く手放して、時代の風を自らの肌で感じることのほうが大事なのだ。

ビジネスは、必ずギャップの生じたところに生まれる。今、人々が求めているものは何なのか？　それが正確に把握できれば、それが不足している所には、必ずビジネスチャンスが生まれる。しかし、人々が何を求め、何を感じているかは、会社の会議室ではつかめない。だから、現場に出て、お客様の声を聴き、時代のトレンドを肌で感じることが大事なのだ。

どんな変化が今起きているのか、何が求められているのかを、五感をフル稼働させて感じ取り、それに合わせて自らを変えていくこと、それこそが変化に対応するということである。

相手にとって最適なソリューションを提供することよりも、自分の組織を守ろうとすることが優先された瞬間、その組織は確実に衰退へと向かう。組織のルールも戦略も優先されるべきではない。それどころかマネジメントさえも、企業活動の最優先項目ではないのだ。

くり返しになるが、「生き残るのは、変化に適応できた生き物だけ」なのだ。固定概念も、セオリーも捨て去ろう。もちろん、くだらないプライドも捨て去ろう。そして、どんどん外へ出て、時代を肌で感じよう。五感を研ぎ澄ませよう。頭で分析すると、過去の固定概念から脱することができない。その目で見て、その肌で感じ取ることで、あなたは変化し、進化することができるようになるのだ。

突き抜けたヤツだけがこれから活躍できる！

これからの時代は、いかなる業界においても、その分野で断トツの能力やノウハウを持つ人間だけが、断トツに評価され、断トツに稼げるようになる。同じ分野でも、トップクラスと並の人間とでは、収入の面でも10倍から100倍もの差がつく。もっと言えば、超一流と一流の間にも、5倍から10倍の差が出る。好きな言葉ではないが、紛れもなく格差社会の到来である。私の本業である研修講師も、トップクラスになると1億円プレーヤーとなるが、大半の講師たちは、講師業としては年間500万も稼げていない。

なぜ両者の間にそれだけ極端な差ができてしまうのか？　それは、情報ネットワークの発達によって、それぞれの分野において、誰がもっとも優れた人物なのかを、誰もが素早く、しかも高い精度で判断できるため、仕事の依頼がその人一人に集中するようになったためだ。

例えば、わかりやすいところで言うと、あなたが何かの会の主催者だとして、「今度、プロのソムリエをお呼びして、講演をしてもらおう」という企画が持ち上がったとしたら、間違いなく真っ先に田崎真也さんを候補に挙げるはずだ。それは、田崎さんがメディアへの露出度が高く、「ソムリエの第一人者」というブランディングが確立されているからだ。恐らく普通の人から、田崎さん以外の名前は出てこないだろう。

田崎さんの場合は、あまりにも有名なので、インターネットで検索するまでもないが、大抵はどんな分野においても、インターネットで検索しさえすれば、誰がその分野においてのオーソリティーで、もっとも能力があるのかは、おおよそ見当がつく。

さらに、Ｆａｃｅｂｏｏｋやｍｉｘｉ、Ｔｗｉｔｔｅｒなどのソーシャルネットワークや、「Ｙａｈｏｏ！　知恵袋」などを利用してネット上で質問を投げかければ、あっという間にいくつものコアな情報が寄せられ、それぞれの人物の強み弱みに加え、裏話までもが入手できる。

だから、誰が調べても、結局は、同じ人物にたどり着くのである。その結果、仕事がその人に集中することになる。以前は、地域で1番なら十分に競争で勝ち残ることができたのだが、これだけ何でもネットで仕事ができる時代になると、日本中で、もっともクオリティーの高い人に、仕事を依頼しようということになるので、ますます一極集中になってしまうのだ。

最近知り合った東北在住の29歳のウェブマーケッターは、起業をしてわずか2年程度で、月商2億もの売上を上げるまでになったという。それもたったの1人で、である。日本全国から、彼のところに、仕事の依頼が殺到しているのである。

つまり、**ある特定の分野で突き抜けた存在になれれば、放っておいても、仕事は向こうからじゃんじゃん入ってくる時代**なのだ。逆に平均的でしかなければ、彼らの十分の一も仕事は入ってこないのだ。

では、平均的な人たちが、トップクラスの人の10分の1の知識やスキルしか持っていないかといえば、決してそうではない。プロ野球選手で、3割打てるバッターと、2割5分そこそこのバッターとでは年俸が10倍ほども違うが、彼らの能力にそれだけの差があるかというと、打率で言えば、ほんの5パーセント程度の差でしかない。実はそれほど大きな差はないのだ。実際にプロの選手になるくらいの人たちだから、能力的にはそれほどの差はないといわれている。

しかし、そのわずかの差が平凡な選手か一流の選手かを分ける。これからは、ビジネスの世界も、ますますプロスポーツの世界と同じようになっていくだろう。

一つのことを極め、突き抜けた人間は、ますます加速度的に繁栄していくことができる。なぜならば、それぞれの分野で突き抜けた人たちは、ビジネスをするときに、同じように突き抜けた人たちをパートナーにしたがるからだ。そうやって、一流の人たち同士がパートナーシップを組んでいくため、最強チームができ上がる。さらに、それぞれが教え合い学び合うことで相乗効果も生まれ、ますます自分のノウハウを高めていくことができるのだ。ゆえに、一つの分野で突き抜けることができた人は、無敵になれるのだ。

では、**どうすれば、一つの分野で突き抜けることができるか？**

そのためにはまず、**自分が闘う領域を小さく限定すること**だ。もしも、「中小企業診断士として日本でナンバーワンになる」と言ったら、競合があまりにも多過ぎて、ハードルが高過ぎる。しかし、例えば、「30代の女性起業家専門の中小企業診断士」と領域を限定すると、たちまちその分野でトップになれる可能性が出てくる。そうなると、ターゲットとなるクライアントから次々と仕事が入ってくるようになる。そのように、領域を狭めるのが一つの方法だ。

もう一つは、**一点に集中すること**である。領域を狭めれば、自ずと一点に集中することができるようになる。一つの特定の分野に集中し、そのことばかりを探求していけば、いずれ必ず、その分野のオーソリティーになれる。極めたい領域を一つ絞って、とことんそのことについて探求し、ぜひ、その分野で突き抜けてしまおう！　それこそが、これからの激動の時代に生き残る術だ。

あなたがもっとも恐れていることは？

あなたが何かの分野で突き抜けるためには、絶対に克服しなければならないことが一つある。それは、私たちみんなが持っているある恐れから解き放たれるということだ。では、その恐れとは一体何だろうか？

ここで、南アフリカのネルソン・マンデラ大統領が、大統領に就任した時の有名な演説を紹介しよう。ここにまさにその答えがある。


我々が恐れているもの、それは我々が無力だということではない。

我々が恐れているもの、それは我々には計り知れない力があるということだ。

我々をもっともおびえさせるもの、それは我々の光であって、闇ではない。

我々は自分自身に問いかける。自分ごときが、才能にあふれた素晴らしい人物であろうはずがないではないか？　と。

しかし、そうであってはなぜいけないのか？

あなたが、小さな役割しか演じないことは、何一つ世界のためにはならない。

あなたが、周囲の人々に不安を感じさせないために縮こまっても、けっして誰にも貢献することはできないのだ。

我々は、自分たちの中にある賞賛に値するものを表現するために生まれてきたのだ。それは限られた人々の中にだけあるのではなく、すべての人の中にあるのだ。

我々が、自分自身の中の光を輝かせてやる時、我々は無意識のうちに他の人々にも、同様のことをする許可を与えているのだ。

我々が、自分の恐れから自らを解放する時、我々の存在は、自動的に他の人々をも解放することになるのだ。


（ネルソン・マンデラ大統領１９９４年大統領就任演説より）


私たちは、実は、自分に計り知れない力が内在しているということを恐れているのである。

それを発揮してしまうと、周囲の人たちをおびえさせてしまうのではないかと、出てこないように自分でフタをして抑えているのだ。周囲の人たちのために遠慮をしてしまっているのだ。しかし、そんなことをしていても誰の役にも立てない。持てる才能や能力を、私たちはフルに発揮する義務があるのだ。それこそが生まれてきた理由だ。さあ、恐れを解き放ち、堂々とあなたらしさを発揮し、この世界に貢献できる人間になろう！

リーダーになるか、フォロワーで終わるか

すべての組織には、必ず2種類の人間がいる。一つは、たどり着きたい目的地を自ら定め、そこに向かって道なき道を突き進んでいくリーダータイプ。もう一つは、頼れるリーダーの補佐的な役割を担い、リーダーが切り拓いた道を後から舗装していくフォロワータイプだ。

どちらが優れていて、どちらが劣っているると言っているわけではない。すべての組織には、必ず、この両方のタイプが必要なのだ。比率的にいえば、企業に勤めているビジネスパーソンの場合、圧倒的にフォロワータイプのほうが多い。実際に、自分でほとんどのことを意思決定できるポストに就いている人、つまり、一つの部門のトップは、割合でいえばわずかしかいないので、いわゆるリーダータイプとして活躍している人はごく少ないだろう。

ここで私が伝えたいのは、そういった役職や立場のことではない。マインドや姿勢のことだ。たとえ、まだ主任程度の役職しか与えられていなかったとしても、自分でビジョンを描き、それに向かって、上司を巻き込んで、堂々とリーダーシップを発揮することはできるのだ。

今、時代が求めているのは、明らかにリーダーである。多くの企業は硬直化しており、イノベーションが必要であるにもかかわらず、組織は自らを変えようとはしないからだ。そんな時代には、変革を推し進められるリーダーが絶対的に求められているのだ。

モノを作ってさえいればよかった時代には、リーダーの指示どおりに忠実な手足となって動けるフォロワーがたくさんいたほうが組織は機能した。今は、自ら現場に出て、時代の流れを読み取り、新たな市場を開拓し、新たな価値を創造する、そして、そのために自らの組織にメスを入れていくことのできるリーダーが、どうしても必要なのだ。

独立自営業者や起業家にとってはもちろん言うまでもない。組織の中で生きる人間にとっても、これからの時代、**突き抜けた存在となって、多くの影響を与えていくためには、自らの意思で自らのビジョンに向かって突き進んでいける強いリーダーシップが必要**なのだ。

そして、そういう人間は、どんな組織からも喉から手が出るほど欲しがられ、業界を越えて、これからもずっと活躍を続けることができるのだ。

さあ、あなたは真のリーダーとなるか、それとも、フォロワーで終わるのか？

第2章 「ビジョン」×「内なるパワー」＝「突き抜ける力！」

人生が変わり始める瞬間

第1章では、これから何が起きてもおかしくない時代だから、最悪の事態も視野に入れた上で、いかなる状況になっても生きていけるように、自分の持てる能力を最大限に発揮できる自分になろう、という話をした。

第1章を読んだあなたは、ある程度腹をくくることができたはずなので、さあいよいよここから、頭を切り替えて、あなた自身の人生を変えていく方法に入っていこう！

人生を変えていく方法を知る前に、そもそも、人間はどういう時に変わるのかという、人間が変わるメカニズムについて、簡単に解説したい。図1を見てほしい。このように、天秤で考えると、非常にシンプルに捉えられるようになる。

左側のお皿には「現状維持」という重りが載っている。一方、右側のお皿には「危機感」「悔しさ」「願望」「快感」「使命感」という5つの重りが載っている。左の絵のように、「現状維持」のほうが、「危機感」「悔しさ」「願望」「快感」「使命感」の5つの重りを足したものよりも重ければ、人は絶対に変わらない。昨日までの自分をかたくなに維持しようと努める。

図1　人が変わる瞬間

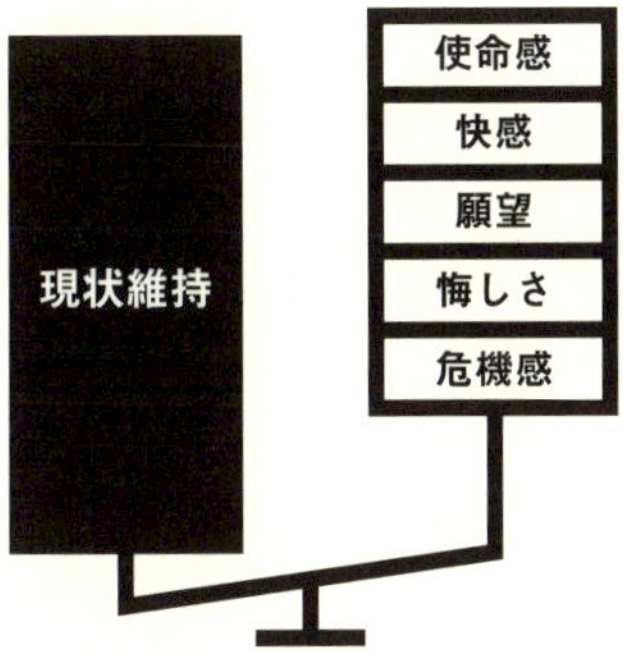

現状維持のほうが重い場合、人は変わらない

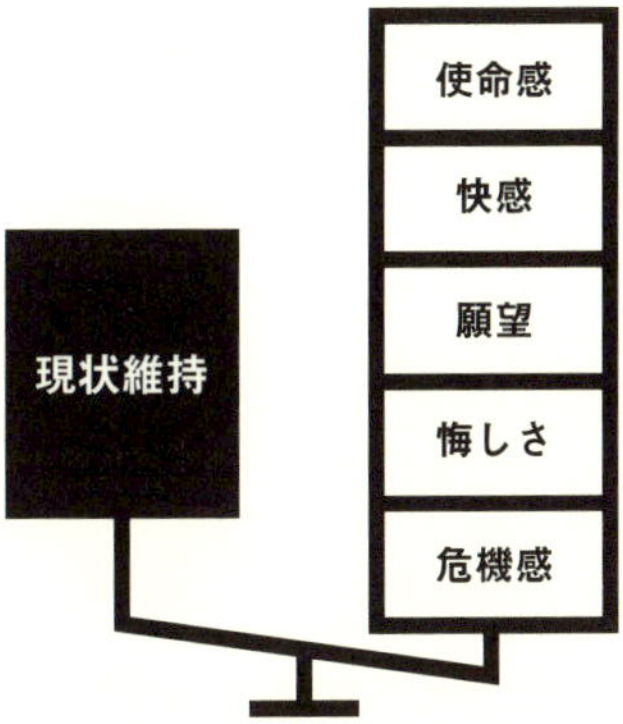

現状維持より、危機感、悔しさ、願望、快感、使命感のほうが
重くなった時、人は変わり始める

逆に、「現状維持」よりも、これら5つの重りを足したもののほうが重くなれば、人は昨日までの自分から変わろうと、新たな行動を起こし始めるのだ。新たな行動を起こし始めれば、やがて、今までの自分とは違った自分になれる。

現状維持の欲求は、有名なマズローの「欲求の5段階説」でいえば、いちばん基本的な欲求とされる「安全の欲求」である。これは自分の身を守ろうとする欲求なので、誰もが必ず持っていて、なくなることは決してない。人間は安全を確保するためにどのような行動を取ろうとするかというと、昨日までと同じ行動を取ろうとする。昨日までと同じことをやれば、安全だとわかっているからだ。

たとえ上司から毎日叱られていたとしても、部下からバカにされていたとしても、とりあえず、昨日は安全に過ごせたわけだから、昨日までと同じ行動さえ取れば安全は確保されるので、昨日までと同じ行動を取ろうとするのだ。これが「現状維持」の欲求である。

この「現状維持」の欲求が、右側の5つのエネルギーの合計よりも大きければ、人間は絶対に変わらない。

しかし、右側の5つのエネルギーが膨らみ、「現状維持」の欲求よりも大きくなったら、その瞬間から、人間は変わり始める。

この5つの中でも最初に火がつくきっかけになりやすいのが、「危機感」のエネルギーである。昨日までの自分でいれば安全だと思っていたのに、**何かのきっかけで、「このままだったらやばいことになる！」と気づいた時、「危機感」が大きくなる。すると、「何か行動を起こさなければ！」という気持ちが強くなる。**一般的に、企業に勤めるビジネスパーソンは、独立自営業者や起業家よりも危機感が少ないため、企業研修では、「危機感」を感じさせるプログラムを入れることがある。「危機感」をひしひしと感じると、いわゆるお尻に火のついた状態になる。それゆえに、いちばん瞬発力があり、行動変容という意味ではもっとも即効性がある。

しかし、この「危機感」を感じることがあまりにも長く続くと、私たちはやがて神経をすり減らしてしまい、心身ともに疲弊してしまう。最悪の場合、自律神経失調症になってしまう。だから、最初に瞬発力を出す時に利用するくらいがちょうどいい。

2つ目が「悔しさ」のエネルギーだ。悔しさのエネルギーは、時として強烈な原動力になる。よく「悔しさをバネにがんばった」と言うが、悔しさとは、自分や社会に対する「怒り」のエネルギーでもある。創業経営者で成功している人には、このタイプの人がけっこう多い。家が貧しかったとか、学業成績が悪かったとか、背が低かったとか、見てくれが良くなく異性にモテなかったとか、そういったことに強烈なコンプレックスを持ち、その悔しさが強大なエネルギーとなって、大きな成功を手にした人はとても多い。あなたも、世の中で成功者といわれている企業家やアーチスト、タレント、スポーツ選手などを思い浮かべていただくと、すぐに思い当たる人がいるのではないだろうか。この「悔しさ」のエネルギーは、爆発力とも呼べる極めて強力なパワーを持っているが、これは怒りのエネルギーでもあるため、敵も多くつくってしまう危険性がある。そして、「危機感」のエネルギー同様、何よりも本人の心が癒やされないという欠点がある。最初のエンジンとしては極めて効果的だが、どこかでこの感情は和らげていく必要がある。そのことについては、また後で述べることとする。

3つ目が「願望」のエネルギーである。「もっと多く稼げるようになりたい」「高いポストに就いて今より大きな仕事をしたい」「有名になりたい」「自分のブランディングを確立したい」「もっと大きな家に住みたい」「憧れのクルマに乗りたい」「素敵な彼氏をパートナーにしたい」みんな多かれ少なかれそんな願望を持っているが、その気持ちがどれだけ強いかは、人によって相当な差がある。この欲求が高まれば高まるほど、人が変わる原動力になる。

4つ目が「快感」のエネルギーだ。人は強い「快感」を感じると、これまでにやったことのないことでも、思い切って行動を起こそうとする。例えば、仲間たちから思いっきり褒められたりすると、「あれ、じゃあ、今日はみんなの前で発表しちゃおうかな！」と普段、引っ込み思案の人が、思わぬ積極的な行動に出たりするのだ。大好きなゴルフの日になると、いつもは昼すぎまでゆっくり寝ている休日でも、朝5時にパッと起きられるのも、快感の力だ。

最後に、**5つ目が「使命感」のエネルギーだ**。これは感情の中でも、もっとも強力で持続的なエネルギーだ。このエネルギーを持っている人には誰も太刀打ちできない。

普通の母親が、難病の我が子を救うために、何千万もの大金をかき集めたり、わが子を名門の私立に進学させるために、昼夜働いたりするのも、「この子のためなら！」という「使命感」のエネルギーだ。マザー・テレサが、貧しい人たちのために、その生涯を捧げたのも、「それが神様から与えられた役割だから」と自覚していたからだろう。これも「使命感」のエネルギーである。「使命感」のエネルギーは、時に、山をも動かすほどの強大な力を持っている。

以上、5つのエネルギーについて説明したが、つまり、**人生を変えようと思ったら、「現状維持」の欲求を上回るくらい、「危機感」「悔しさ」「願望」「快感」「使命感」のいずれかのエネルギーを膨らませればいいのだ**。

ビジョンを描くだけでは“絵に描いた餅”で終わる

あなたは、これまでに何度となく目標やビジョンを紙に書いたりしてきたのではないだろうか。あるいは、大ベストセラーになった『ザ・シークレット』（ロンダ・バーン著・角川書店）を読んで、自分も「引き寄せの法則」を活用しようと、頭の中でリアルに実現したいビジョンを思い浮かべて、イメージトレーニングに励んだりもしただろう。にもかかわらず、結果的には、「でも、あまり達成できていないんだよな……」と落胆することのほうが多かったかもしれない。

ビジョンをリアルに描き、それを紙にまで書いたのに、なぜ達成できなかったのだろうか？　実は、それには明確な理由がある。叶えられない理由を説明しよう。

一般的なキャリアデザインセミナーでは、過去の棚卸しに時間をかけ、自分の強み・弱みを分析した上で、今後のビジョンを策定し、最後にそのビジョンを達成するためのアクションプランを作り、宣言をして終了！　というパターンがほとんどだ。

そんなセミナーを受けた受講者たちは、例えば、次のようなビジョンを書く。

「2年後には課長に昇進する」

「3年以内に個人売上1億円を達成する」

また、すでに独立をしている自営業者がビジョンを描くとなると、例えばこんな感じになる。

「2013年には、年収1000万円を達成する」

「2014年までにはクライアントの数を100社にする！」


ところが、この一般的なパターンでは、あまり効果は上がらない。なぜか？　答えは至って明白。あるものが決定的に欠けているからだ。

決定的に欠けているもの、それは「感情」である。ビジョンを描くときに、感情が伴っていなければ、まったくと言っていいほど、突き抜けるだけのパワーは湧いてこないのだ。この感情こそが、この本のメインテーマでもある「内なるパワー」そのものなのである。

感情というと少し捉えづらくなる可能性があるので、よりわかりやすくするために、夢を叶えていくメカニズムを、ここではクルマに例えて説明しよう。

あなたは、クルマで今まで行ったことのない場所に旅行する時、最初に何をするだろうか？そう。ナビをセットするはずだ。その日宿泊するホテルか、最初の訪問地を目的地としてセットするところからドライブは始まる。それさえできれば、あとはすべてナビに任せて、指示どおりにクルマを安全に運転するだけでOKだ。しかし、それだけでは、一つ大切なことが欠けている。そうだ。燃料が満タンに入っているか、確認をする必要がある。ガソリンが入っていなければ、目的地まで無事にはたどり着けない。

ここでいう目的地をナビにセットする行為にあたるのが、「ビジョン」を設定するということであり、燃料（ガソリンや電池）を補給するという行為にあたるのが、「感情」すなわち「内なるパワー」を引き出すということである。そして、安全に運転する技術が、「理性」の働きだ。つまり、この3つは三位一体《さんみいったい》で、どれが欠けても、目的地に無事に到達することはできないのだ。

わかりやすくするため、クルマを比喩に使ったが、正確に言えば、一点だけ違う部分があるので、補足しておこう。ナビと燃料とはまったく別の機能で、繋がりは何もないが、ビジョンと感情はとても密接な関係がある。感情が伴っていなければ、いくら正確にビジョンを描いても、それを実現する推進力も得られないし、必要な情報も入ってこないのだ。ビジョンを設定する時には、必ず感情が伴っている必要があるのだ。私は研修やセミナーで、よくこんな話をする。

「しっかりと感情が伴った時はじめて、みなさんの頭の中のナビゲーションシステムが『目的地』としてセットされるので、最高の感情を引き出してくださいね。一旦感情が伴えば、あとは、脳内コンピューターが勝手に最良の道をナビゲートしてくれますから！」

つまり、「感情」こそが、ビジョンを実現するための原動力であり、同時に、ビジョンを実現するための最短ルートを割り出してくれるナビゲーションシステムに欠かせない鍵なのだ。

図2　夢を叶えるための三位一体

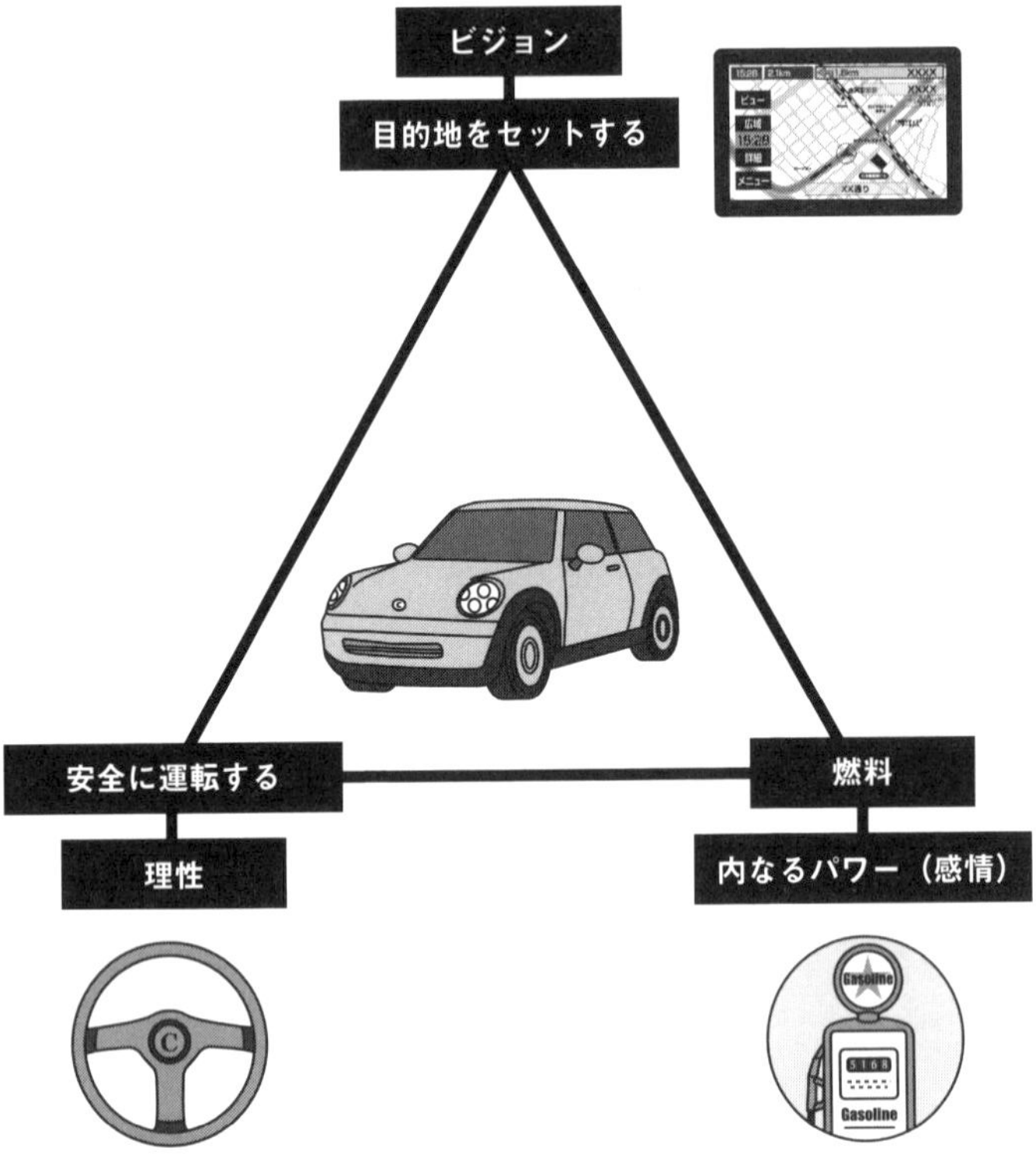

全国ワースト20から、わずか3カ月で全国1位に！

私はこれまでさまざまな企業で研修をやらせていただいた。中でもいちばん印象に残っている研修が、ある大手小売業で実施された「不振店店長研修」だ。

その企業は、全国に400以上の店舗を出店しているが、ある時、人材育成の強化策の一つとして、業績不振店の店長にターゲットを絞った「不振店店長研修」が実施されることになり、私がその講師を務めた。

同社でも初めての試みということもあり、目標達成率ワースト20の店舗のうち、6店舗の店長が名指しで指名される少人数制の研修となった。年齢は30代後半から40代だ。

研修初日の朝は、予想どおり重苦しい空気で始まった。それはそうだ。何しろ、下から数えて20位以内という不名誉な位置に定着してしまい、とうとう人事から呼び出されてしまったのだから。6人の店長は、みな一様に、意気消沈した表情で座っていた。

開口一番、私はこう切り出した。

「みなさん、今、正直なところ、どんなお気持ちで、ここに座っておられますか？」

するると、そのうちの1人が、重い口を開き、こんな本音を吐露してくれた。

「今まで生きてきた中で、こんなにつまらない夏は初めてでした。1カ月以上も前にこの研修のことを聞いていたので、もうそれから気分が重くて……。子どもに、『パパ、今年の夏休みはどこか行かないの？』とか聞かれても、遊びに行く気になんてなれなくて、『今年は行かない』と……。休日も、家にこもっていました」

こうして1人が口火を切ると、他の5人も、堰を切ったように、自分も似たような心境だったと打ち明けてくれた。また、こうも話してくれた。

「今日は、相当厳しく詰められるのだろうなと思って、すごく緊張していました」


しかし、彼らの予想に反して、私は、ニコニコと笑顔で接することを心がけて、研修を進めていった。できるだけ彼らが心を開いてくれ、本音トークができるようにしなければ、彼らの問題の本質も、彼らの長所も正確に把握できないからだ。

プログラムは、「未来のシミュレーション」で、このままいったらどんな未来が待っているのかに直面してもらうワークからスタートした。そこで、「危機感」をひしひしと感じてもらい、本能にエンジンをかけるのだ。

その後、これまでの人生を振り返り、強みとなる軸を見つけて、徐々に自信を取り戻してもらうプロセスに入っていく。その上で、将来のビジョンを描き、それを「人生年表」に落とし込んでいく。ここにたっぷり時間を費やしていく。そして、明確な短期目標を設定し、店長として具体的に取り組むべき課題を分析し、目標を確実に達成するためのプランを作り、自分のキャッチフレーズを掲げ、宣言をして終了というプロセスをたどった（それぞれの詳細については第3章で詳しく解説する）。私は、一人ひとりとの対話を大切にしながら、全2日間のプログラムを進めていった。

余談だが、この研修が特徴的だったのは、会場の後方に陣取っていた人事部長をはじめとした人事部のスタッフ数人が、2日間の研修の間、誰一人として途中で離席しなかったことだ。それどころか、6人の店長とともに、一緒にプログラムをこなしてくれた。普通の企業研修では、研修を1人か2人の人事スタッフがアテンドをするのが通常だが、それでも時折、急用ができて離席をするものだ。ところが、この企業では、1人も離席することがなかった。しかも、人事スタッフ全員が総出である。こんな研修は滅多にない。おまけに、2日目には、受講したメンバーの上長であるエリアマネジャーや、専務までもがオブザーブに駆けつけてくれたのである。1日目で彼らの人相が変わったといううわさを聞きつけた上司が、研修の様子を見に来たのだ。わざわざ地方から飛んできた上司までいた。受講者の数よりも、ギャラリーの数のほうが多いという、ちょっと異様な研修になったのだ。

しかし、そういった要素がすべて、彼ら6人をバックアップする大きな力として働いた。彼らは、そういった人事や上司たちの姿を見て、「会社は真剣に自分たちに向き合ってくれているんだ」「自分たちを本気で応援してくれているんだ」と体感したはずだからだ。企業研修では、こういう体制をつくることが、実は極めて大切なのだ。この企業では、人事部長の姿勢が本当に素晴らしかったのだと思う。

2日間の研修の中で、6人の店長たちは、すっかり元気を取り戻してくれた。「もう一花咲かせてやる！」「イマニミテロヨ！」という強い気持ちを持ってくれた。表情も別人のようにイキイキとして、覇気がよみがえった。

私は彼らの表情を見て、全員が必ずV字回復を成し遂げてくれると確信した。研修が終わった直後、人事課長が私にポツッと話してくれた言葉が印象的だった。

「先生、われわれは人事のあり方を180度変えなきゃいけないと思いました。明日、彼らと個人面接をやるんですが、今までとはまったく逆の姿勢で、臨もうと思います」

それまでその企業では、業績を残せていない落ちこぼれ社員たちに対して、できていないところを次々と指摘して、「なぜできないんだ！　ダメじゃないか！」と徹底的に問い詰めるようなマネジメントを行っていた。ところが私の研修を見て、**どんなに結果の出ていないメンバーであっても、まずは彼らのことを全面的に信頼することから始める**ということが、どれだけ大切なのかを、肌で感じ取っていただいたようだった。**信頼することが、どれだけ人間に力を与えるか**ということを。

研修終了後、すぐに人事部長から送られてきたメールには、次のような言葉が綴られていた。

「私自身も改めて、ダメな社員、できない社員はいないということがわかりました」

そんなふうに認識をしていただけたことが、私としては最大の収穫だった。

このようにたしかな手ごたえを感じて修了した研修だったが、本当に私が驚いたのは、その後のことだった。

研修終了後約1カ月が経ったある日、人事部のもう1人の部長から1通のメールが届いた。そのメールには、次のような主旨のことが書かれていた。

「その後、みなさん大変がんばっています。中でも、Aさんは研修後、毎週のように計画達成をしています。また今週の営業の会議では、ある部門の優秀店長として、ベスト5に入る業績で発表がありました」

なんと、1カ月も経たないうちに、全国ワースト20位から、ベスト5にまで大躍進を遂げてしまったのだ。断っておくが、一営業マンとしての個人成績ではない。店舗の業績がこれほどまでも急激に躍進したのである。店長の意識が変わると、店舗はこれほどにも変わるのだ。

私は、半年以内には確実にV字回復は達成できるものと確信はしていたが、まさかこれほど早く結果が出るとは思ってもみなかった。それも、一気にベスト5とは！　これには、私自身が本当に驚いてしまった。いかに人間の意識の力が強大かを、私自身があらためて思い知った瞬間だった。

ところが、それから約2カ月後、つまり、研修終了から3カ月後に、人事部長にお目にかかった時には、さらにびっくりするようなご報告をいただいた。

「千代鶴さん、とうとう1等賞を取ってくれたんですよ！」

「え？　遂にAさん、1位ですか!?　それはすごいですね！」

「いやいや、Aさんは相変わらず絶好調なんですが、今度は、Bさんが、全国1位になってくれたんですよ」

「え〜〜！　今度はBさんが1位ですかっ！」

「そうなんです。本当におかげさまで、みなさんよくがんばってくれています！」

「他の方はどんな調子ですか？」

「他の4人も、多少差はありますけど、一応みなさん、悪くても平均よりは上にまで上がってくれました」


実は、Bさんは、研修時にいちばん目立たない存在だった。他のメンバーにくらべると発言が少なく、物静かな印象だったのだ。しかし、内に秘めたものは持っていたのだろう。言葉数は少なかったものの、一つひとつの言葉に、強い決意のようなものは感じられた。

人は本当に変われるものだと思う。本気にさえなれば、これほど結果に違いが出るのだということを、あらためてこのクライアント企業とのやり取りを通じて私は確信した。

変化のカギ、「内なるパワー」とは？

前項で書いた小売業の実例は、数字（目標達成率）というもっともわかりやすい形で成果が表れたため、ここでご紹介させていただいたが、他にも、私がかかわらせていただいたクライアントさんの中には、目覚ましい変化を遂げたビジネスパーソンがたくさんいる。

小売業の実例を見ていただければわかる通り、それまで長年低迷を続けていたとしても、また、それまでこれといった実績を上げた経験がなかったとしても問題はない。**30代の後半、いや、40代の後半になっていたとしても、どんな状況からでも、いつからでも、人は変わることができるのだ。私はたくさんのクライアントとかかわってきた中で、このことに関しては絶対的な確信を持っている。**

なぜならば、私自身がこれまでに何度か人生のどん底を味わったが、そのたびに這い上がってきた経験を持っているし、クライアントたちが変わっていく姿を、この目で見てきたからだ。

人生が劇的に変わる時には、必ずと言っていいほど、何らかの強烈な感情が伴っている。もう一度、この章のはじめに説明した天秤の図（P43）を思い出してほしい。現状が変わらない人は、口では「変わりたい」と言っているものの、潜在意識では「変わりたくない」という気持ちのほうが勝っている。私たちの本能でもある「現状維持」の欲求が強く働いているからだ。変わることを本気で望むならば、「危機感」か「悔しさ」、あるいは「願望」や「快感」や「使命感」を膨らませ、「現状維持」の欲求よりも強くする以外にはないのだ。

反対にこれらの感情が大きくなれば、放っておいても、人生は今までとは違った展開を見せ始める。

先に紹介した小売業の6人の店長たちも、2日間の研修の中で、それぞれにこれらの感情を強く抱いた瞬間があった。

1つ目の「危機感」について言えば、「未来のシミュレーション」というワークを行った時に、6人全員が自分の「老後」に強烈な危機感を抱いた。

1人がこんなふうに気持ちをシェアしてくれた。

「現状のまま行ったら、退職した後も、年金が支給されるまではシルバー人材センターに登録をして、安い時給でアルバイトをしなければならないだろうし、年金が支給されるようになっても、本当にわずかばかりの年金だから、妻と2人で細々とした老後を過ごすしかないでしょうね……。孫も寄りつかない寂しい老後になってしまうでしょう……こんなのは、僕が望んでいる人生じゃないです！」

ちなみに、今までこのワークを行った人の95パーセント以上は、「こんな人生は絶対に嫌だ！」と言う。**危機感を持つためには、1度、将来を冷静に直視することも必要なのだ。そのことによって、〝健全な〟危機感を持つことができる。普段は怖くて見ないようにしている人がほとんどだと思うが、目をそむけるのがいちばん役に立たない。**

「快感」について言えば、これまでやってきたことの棚卸しと、お互いに強みを見つけ合うワークなどを通して、「自分もこれまで、それなりにやってきたじゃないか」「オレにも人からちゃんと認められる強みがあるんだ」と思えるようになる。そういったことを積み重ねていくと、自信を少しずつ取り戻せるようになり、「快感」を感じることができるようになる。

後で詳しく解説するが、脳科学的な見地からすると、大脳は「快」を感じている時は、とても創造的で建設的な発想ができるようになるが、「不快」と感じている時は、自己防衛的な発想しかできなくなるのだ。つまり、「不快」と感じる状態に自分を置いていると、「現状維持」の欲求ばかりが強まるのである。

そのため私は、研修やセミナーの場で、できるだけ参加者に「快」を感じてもらう仕掛けを作っている。簡単に言えば、みんながニコニコ笑顔になりだしたら、半分は成功したようなものなのだ。だから、私はお笑い芸人ではないけれど、できるだけ柔らかい場をつくり、みなさんに笑顔になってもらえるように心がけているのだ。

そして、「願望」について。ここが本書のまさにコアの部分なので、これから詳しく述べていくが、**人を突き動かす最大の原動力は、私は「願望＝ビジョン」だと考えている**。そのため、私のセミナーでは、この「願望＝ビジョン」を描く部分に最も時間を割く。

先の不振店店長研修を終えた3カ月後に、見事、全店舗中1位の業績を上げたBさんは、研修の中で、「店長としてのプロフェッショナルを目指す」というビジョンを描いた。店長としての知識やスキルなら、誰にも負けない〝プロ中のプロの店長〟になるというビジョンだった。恐らく、彼の中では、この時すでに自分の中に鮮明なイメージがあり、それと同時に「オレは必ずそんな店長になれるんだ！」という確かな信念と、すでに達成した時の充実感のような感情が湧き起こっていたはずだ。派手さはなかったけれども、内に秘めた情熱を、私は彼の中に感じ取っていた。これが、その後の彼の大躍進の原動力になったのは間違いない。

そして、実はもう一つ、この「願望」よりもさらに深いところには、「使命感（＝ミッション）」も眠っている。これも極めて大きな力を発揮する。これについても、詳しくは後述する。

つまり、「内なるパワー」とは、人を強力に突き動かす原動力であり、それは、「危機感」「悔しさ」、「願望」「快感」、そして、「使命感」など感情のことを言う。これら**「内なるパワー」こそが、本物のパワーであり、自分を奮い立たせる原動力であり、まわりの人に強いインパクトや影響を与える見えないエネルギーなのだ。**

しかし、私たちは、学校教育に始まり、会社に入社してからも、一貫して、論理的に物事を考えることこそが大事だ、という教育を受けてきているので、この奥に眠る感情に封印をして、あるいは、感情を感じないようにして、理性的に振る舞って生きてきた。そのために、本当のパワーまでもが出なくなってしまったのだ。

次ページの図は、人材教育の世界でよく用いられる「氷山モデル」（図3）と、それに対比した「理性―感情モデル」（図4）だ。理性の働きを否定しているわけではもちろんないが、あなたが突き抜けた存在になろうとするなら、理性だけではなく、一度、この理性のフタを外して、感情を解き放つ必要があるのである。

図3 「氷山モデル」

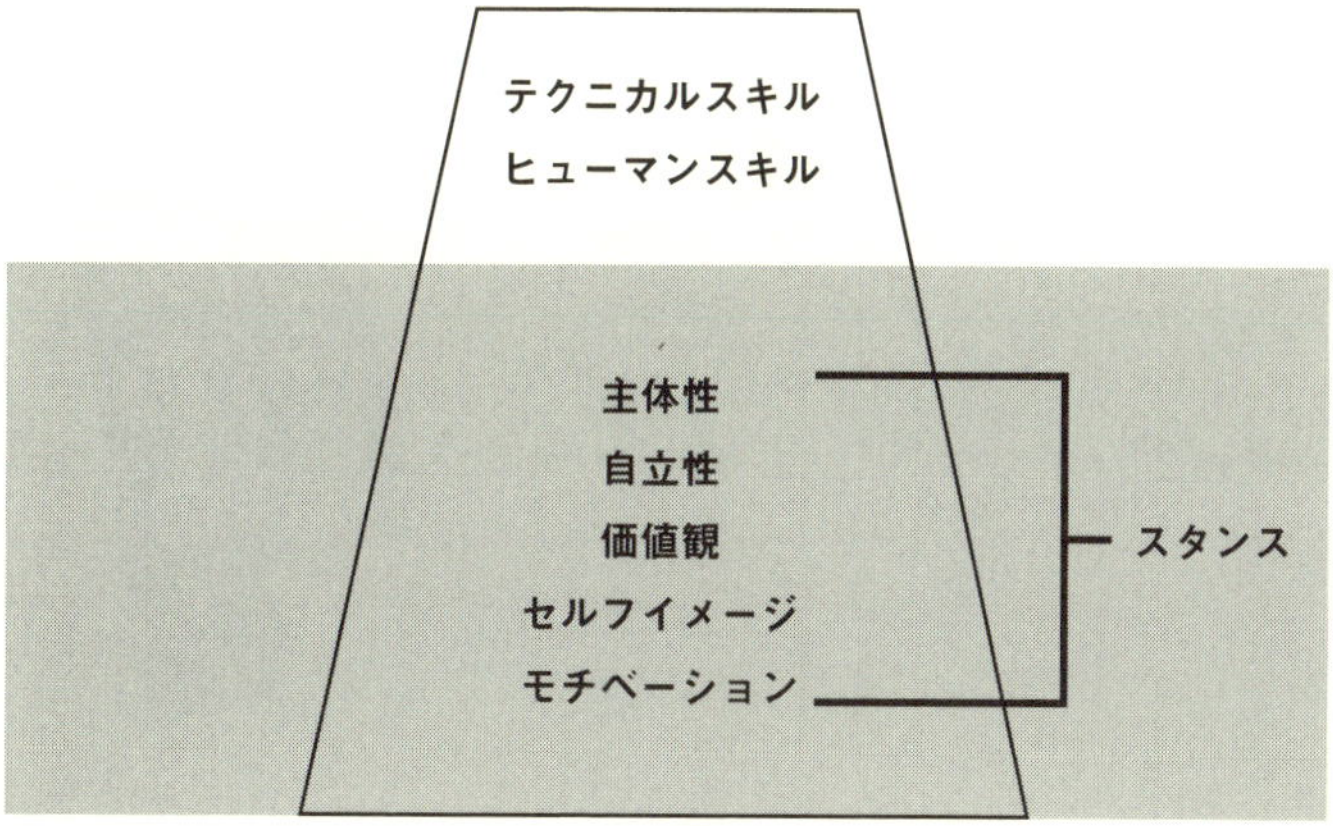

図4 「理性ー感情モデル」

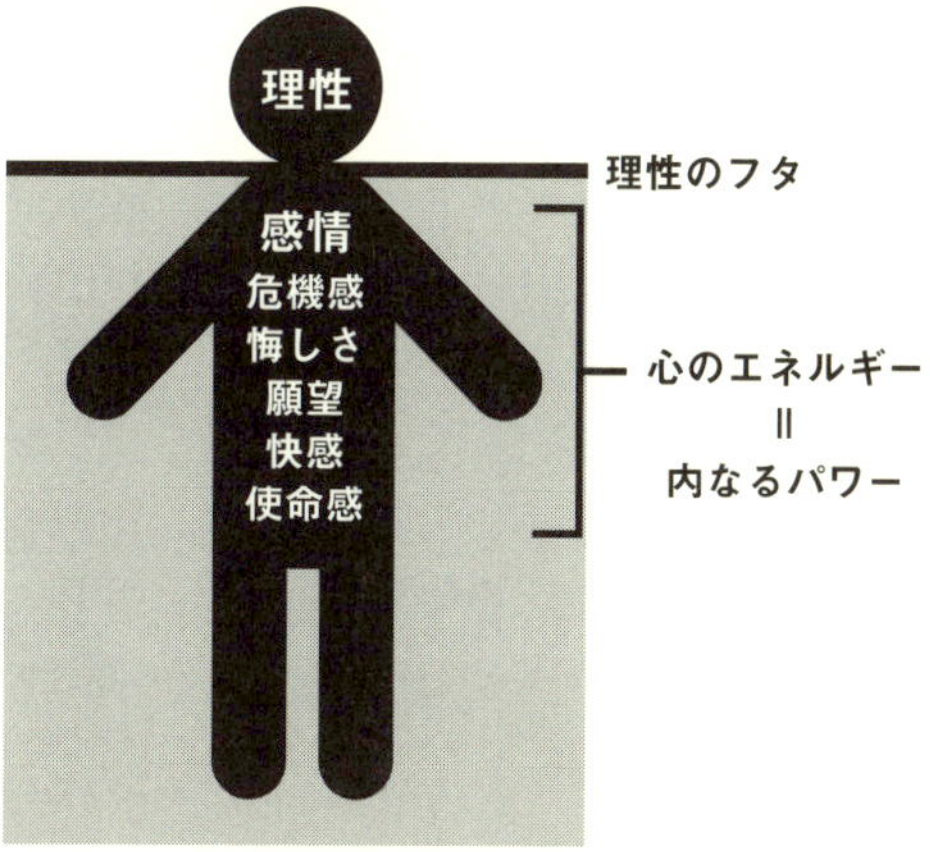

“オーラ”が変わる！人相が変わる！

私のセミナーを受講した方の多くは、みな判で押したように、次のような感想をシェアしてくれる。

・人ってこんなに変わるものかと思った
・本心からがんばりたいという気持ちが出てきた
・自分だけではなく、人がどんどん変わっていく瞬間に触れることができ、本当に感動しました。これほど、また受けたいと思う研修は今までありませんでした
・2日間でこんなに自分の考えが変わった研修は過去にありませんでした。この内容すべてをチーム内で共有しなければと感じました
・将来なりたい自分を常にイメージすることで、それに向かって自らの考えや行動が変わることを強く実感しました
・腹の中から声が出てくるようになった
・欲が出てきた
・自分の可能性に気づいた。自信が出てきた

ここに紹介した感想は、すべて企業内研修として受講された方から寄せられたものである。つまり、受講者は、人事部からの〝業務命令〟で、強制的に受講させられた人たちばかりなのだ。あなたも経験があれば想像がつくと思うが、人事部から強制的に〝受けさせられる〟研修だから、受講時のモチベーションはおおむねかなり低い。本音は、「人事は一体何考えているんだよ。この忙しい時に、なんで今さら研修なんて受けさせるんだよ。研修なんてやってもオレたちは変わらないよ……」といったところだろう。朝、彼らの顔を見れば大体わかる。

そんな受講意欲の低い人たちが、研修後は、みんな判で押したように、前述のような感想をシェアしてくれるのだ。

実際に研修でどんなことをするのかについては、第3章で詳しく紹介するとして、ここで注目していただきたいのは、**共通して「感情」の変化が起きている**という点だ。中には、「腹の中から声が出てくるようになった」という肉体的な変化を口にする人もいる。単に「考え方」が変わるだけだと、その後の「行動」にまで結びつかないことが多く、それでは、望んだ成果は得られない。そのことはこれまでに説明した通りだ。だから私は、「考え方」を変えるのではなく「感情」のパワーを引き出すことで、自然に行動変容が起きるような状態にまで持っていくのだ。

そして、**特徴的なのは、受講者の人相までもが変わることだ**。

研修の途中、席を外していた人事の担当者が、終了間際に戻ってくると、必ずと言っていいほど、「みんな人相が変わっちゃいましたね！　一体、何があったんですか？」と驚きの表情を浮かべられる。

「内なるパワー」を解き放つと、その瞬間、みんな人相が変わる。パッと明るく、力強い表情になるのだ。エネルギーやオーラさえも変わってしまうので、見た目の印象は、相当違うはずだ。

時には、セミナーを後ろでオブザーブしている人事担当者が、受講者たちの劇的な変化を目の当たりにして、感激して涙を浮かべることもある。

先日も、ある大手ＩＴ系企業で、この研修を実施したところ、教室の後ろでオブザーブしていた女性の人事課長さんが、なぜかハンカチで涙を拭っておられたので、「どうされたんですか？」と聞いてみたところ、こんなふうに打ち明けてくれた。

「実は、○○さん、私の前の職場の上司だったんですけど、あの人が、あんなにイキイキとした表情でみんなに語っておられる姿を初めて見たもので、なんだかうれしくなっちゃって……」

　このところ、やや出世コースから外れ、冴えない日々を過ごしていた元上司の劇的な変化を見て、思わず感激してしまったのである。

　また人事担当者が、しばしば漏らしてくれる感想に、次のようなものがある。

「今回のメンバーの大半はエンジニアだし、特にうちの社員は自己開示するのが苦手なタイプが多いから、どれくらい自分の思いを発表してくれるか最初は不安だったんですけど、みんなビックリするくらい雄弁に語ってくれて、本当に驚きました。あんなに変わるものなんですね～！　先生、一体どんな魔法をかけられたんですか？」

　もちろん私は魔法をかけているわけではない（笑）。ただ、一人ひとりの内側に内在する本来のパワーを解き放つお手伝いをさせていただいているにすぎない。

　また、たまに誤解をされることもあるようだが、私は無理やりテンションを上げるようなことをしているわけではないし、テンションを上げるのが目的でもない。もしも、無理やりテンションを上げるようなことをしていたとしたら、しばらくすれば、必ず元の状態に戻ってしまう。外的な力で無理にモチベーションを上げても効果は続かないのだ。**内なる心のエネルギーを、彼らの中から引き出すことができれば、それはもともとあるものなので、消えてなくなることは絶対にないのだ。だから、その後の行動が変わり、成果が上がるのである。**

「突き抜ける力」を得た瞬間、人は輝き始める

ここ最近は、私が「悩めるビジネスパーソンの〝内なるパワー〟を解き放つ講師」というキャッチフレーズを使い始めたせいで、企業からは、「停滞している30代、40代の社員たちを何とか活性化できませんか？」という相談を受けるケースが増えてきた。

特に今、大企業を中心に、**30代後半から40代にかけて、ややキャリア格差がついてしまい、モチベーションが上がらず、業績の低迷している社員が増えていることが、大きな経営課題になっている**。この層が停滞すると、若手にも悪影響を及ぼすということで、会社としても何とか踏ん張ってもらいたいと思っているのだ。

明らかに出世コースから外れ、優秀な後輩からも追い抜かれ、昇給も昇格も望めなくなった彼らには、モチベーションを保てる要素がなかなか見つからないのだ。だからといって、住宅ローンや子どもの教育費も抱えているので、絶対に辞めるわけにはいかない。そんなミドルがいま急増している。これは企業の中だけではなく、大きな社会問題にもなっている。

先日も、ある銀行で、「係長研修」を実施することになったが、それも、「9年以上係長に滞留している人」だけを対象にしたものだった。

あらかじめ、人事の責任者から聞かされていた彼らの共通した特徴は、「真面目だけど、おとなしくて、自己主張が弱い」ということだった。時には自己主張をして押し切らないといけない場面でも、遠慮をして一歩下がってしまうのだという。また、彼らには、お客さま対応など、現場で瞬時に判断をしなければならない場面も多く、そういう判断力を上司からは求められているのだが、自分の判断力に自信がないためか、判断が一歩遅れてしまう傾向もある。

そのように**気が弱く、自信のないビジネスパーソンは、やはり、出世競争にはどうしても出遅れてしまう**。

人事の責任者が言うには、その上の課長代理や、またその上の課長になる人と、係長でとどまる人の差は、能力やスキルの差ではない。

「彼らにも十分にスキルも経験も知識もあるんですよ。支店長とくらべても、知識量とかはそんなに引けは取らないですよ。ほんのちょっとした違いだと思うんですけどね……。**『絶対に支店長になってやる!』とか、そういう意志がどれだけあるか、最後は、それだけの差のような気もするんですよね……**」

まったくそのとおりだと思う。ほんの少しの違いだけなのだ。しかし、そのほんの少しの意志の強さの違いは、一体どこから生じるのか? これがまさに「内なるパワー」の違いなの

チャンスが巡って来た時に、大した根拠もなく、「私にやらせてください！」と堂々と言えるか、「ちょっと考えてみます……」と躊躇してしまうかの違いとして現われる。

だ。**「内なるパワー」が解き放たれている人と、まだ解き放たれていない人の差は、何かの**

9年間滞留していた彼らは、典型的な後者のタイプだった。まさしく理性のフタががっしり閉められているため、ここという時の瞬発力が弱く、チャンスをがっちりとつかめないのだ。

研修初日の朝は、予想どおり、どんよりとした重い空気で始まった。自分たちの置かれた立場を、みなよく理解しているため、誰もが表情は冴えなかった。

しかし、そんな彼らも、研修が進むにつれ、徐々に緊張も解きほぐれ、次第に笑顔がこぼれるようになっていった。

そして、いよいよ研修のコアとなる「ビジョンを描く」というプログラムに入ると、会場全体がどんどん熱を帯びていき、一人また一人と理性のフタが外れるようになり、「内なるパワー」を解き放つ瞬間を目にすることができるようになっていった。

一体なぜそういうことが起きるのか？　その秘密はグループワークにある。私は、研修やセミナーの場では、必ず5人から6人のグループを作って、グループの力を最大限に活用できるようにプログラムを設計している。コーネル大学の教授で、〝社会心理学の父〟といわれたクルト・レヴィンは、この力を「グループ・ダイナミックス」と呼んだが、「人間は集団になった時、集団ゆえに生まれる動力によって動く」という習性があるのだ。このグループの力が、ものすごく大きな威力を発揮するのだ。

この種明かしをすると、次のようになる。

私はまず、一人ひとりに、自分の最高のビジョンを描いてもらい、それを一人ひとり順番にグループ内でプレゼンしてもらう。

例えば最初のうちは、メンバーはこんなプレゼンをする。

「1年後には、毎月コンスタントに目標を達成できるようになって、支店長からも部下からも一目を置かれる存在になっています。保険商品についても誰よりも詳しくなり……」

発表者がプレゼンを終わると、その後、他のメンバー全員から、今のプレゼンに対してフィードバックをしてもらう。ここがいちばんの肝なのだが、他のメンバーに、発表者のプレゼンが、本当に彼の将来の最高の姿だと感じられたか、ワクワクしていたか、力強さがあったか、等の観点で、評価、フィードバックをしてもらうのだ。いくつかの評価基準をあらかじめ設定しているので、他のメンバーは発表者に対して簡単にＯＫを出さない仕組みになっている。

フィードバックは例えばこんな感じだ。

「全然うれしそうじゃないですよ」「〇〇さんなら、もっと上を目指せるんじゃないですか?」「すごく遠慮しているような気がします」「腹から声が出ていないないように思います」「原稿を読んでいるみたいで、自分の言葉になってない」等々。

要するに、全員からダメ出しを食らうのである。

そして、そのフィードバックを受けて、もう一度ビジョンを考えなおし、再度チャレンジをする。これを全員からOKをもらうまで、何度でもくり返すのだ。しかし、何度挑戦しても、同じようにダメ出しを食らうので、みんないよいよ自分自身を深く見つめざるを得なくなる。

(う〜ん、一体、自分に何が足りないんだろう?「うれしそうじゃない」と言われると、たしかに、自分の中でうれしくてしょうがないという感じではないけど……。でも、自分では、そうなれたらいいと思っていることは間違いないし……。しかし……、やっぱり、どこかキレイごとを言っている自分もいるような気もするし……。本当のところ、オレは一体どうなりたいんだろう……?　う〜ん……)

みんなそんなふうに、真剣に自分の心の中を探り始める。そして、必ずここで、壁にぶち当たる。

壁にぶち当たったら、そこが本当のスタートラインだ。そして、そんな煮詰まった時こそ、「自分一人で考えるのもいいけど、ビジョンなんて何も浮かばなくてもいいから、まずは前に立って話してみて。何でもいいから挑戦してみて」と呼びかける。他のメンバーからのフィードバックがヒントになって、内側から何かが引き出される可能性があるからだ。

これをくり返すうちに、徐々に何かが取れ始めてくる。体裁を気にすることがなくなる。正しいことを言わなければならないという恐れもなくなる。論理的に正しく説明しなければいけないという考えもなくなる。人の目も気にならなくなる。そうなると、もう本当の自分、裸の自分しか残らなくなる。

すると、やがて、ふっと内側から、本当の気持ちが湧いてきて、なりたい自分の姿、自分が最高に輝いている自分の姿がビジョンとして浮かび上がってくるのだ。

そして、「僕は、今までものすごく遠慮をしていました。本当のことを言うと……」と、今まではまるで別人のように、自分の言葉で、本当のことを話し始める。

その瞬間は、誰が見ていてもはっきりとわかる。私など何度もやっているので、遠くで見ていてもわかる。そこからは、その人の本当の言葉が湧いてくる。その姿はとても力強く美しい。言葉に力が宿っている。力強いが、同時に、自然体で力が抜けてもいる。まさに、本来のその人がそこに立っているという印象をまわりに与えるのだ。その瞬間はみんなすぐにわかるので、そういう時は、全員一致でＯＫが出る。感動の瞬間だ。

そして、それは「ビジョン」が見え、「内なるパワー」が解き放たれた瞬間でもある。それは同時に「突き抜ける力」を得た瞬間でもある。その姿ほど力強さを感じるものはない。

銀行マンらしく、なかなか理性のフタが外せず、苦労した人もいた。ずっと窓口で受付をしているようなよそ行きの言葉でしか話せない人も中にはいたが、それでも最後は仲間の力をもらい、自らのフタを弾き飛ばすことができた。

そのわずか３カ月後の人事異動で、彼らのうちの２人が課長代理に昇進した。そして、さらに次の人事異動では、また別の数人が昇進する予定だという。それまで９年間も同じ職位に滞留していた人たちが、である。普通は考えられないことである。

彼らには、唯一、内なるパワーという「燃料」が足りなかっただけなのだ。

第3章

「内なるパワー」を解き放つ6つのステップ

ここまでは、「ビジョン」と「内なるパワー」を掛け合わせることで、どれだけ私たちは大きな力を発揮することができるかということを述べてきた。

いよいよ第3章では、「内なるパワー」を解き放つための具体的な方法について、順を追って解説していこう。

〈第1ステップ〉未来をシミュレーションする

第1ステップは、「未来をシミュレーションする」だ。**この目的は、〝健全な〟危機感を持ってもらうことにある。** 第2章の冒頭でも述べた通り、最初に「内なるパワー」に火をつけるきっかけになりやすいのが、危機感なのだ。そのため、私は研修やセミナーでは、最初にこのワークを入れることが多い。危機感を感じると、そこから少しずつフタが外れて、奥底に眠っている、より本質的な感情が解き放たれてくる可能性が高くなるのだ。

ここでは、少し時間を取って、次の質問について考えてもらいたい。

Q．大きな変化を自ら起こさず、現状の能力とこれまでの習慣のまま毎日を過ごしたとした

ら、あなたの未来は一体どのようになっていくだろうか？

「このまま行ったらどうなるか」を想像して、「未来のシミュレーション」（図6）を、「記入例」（図5）を参考に完成させてほしい。まずは、西暦とあなたの年齢を空欄に入れるところからだ。ちょうど50年後まで、あなたが現在36歳だとすると86歳まで記入できることになる。

次に、あなたの大切な人の実名と、年齢もすべて記入する。通常は妻や夫、あるいは、子どもたちが入るだろう。もしあなたの両親が健在なら、必ず両親の名前と年齢も記入しよう。この表を作り始めるとすぐに直面するのだが、両親はこの表の一番下まで生きていられるとは普通は考えづらく、途中でこの世を去ることになるだろう。それどころか、案外生きていられる時間が短いことに気がつくかもしれない。死亡年齢は希望的観測で決めてもかまわない。

大切な人と彼らの年齢も全部記入し終わったら、今度はあなた自身の仕事におけるキャリアと、プライベートについて予想してみよう。「今のままいったらどうなるか？」を、こちらは希望的観測ではなく、客観的に、冷静に見た時どのようになっているか、トピックスをいくつか記入していこう。

図5 「未来のシミュレーション（記入例）」

西暦	自分	大切な人					キャリア	プライベート
		佳代	安奈	耕平	宏一	美智子		
2012	36	34	8	6	66	65		
2014	38	36	10	8	68	67		
2016	40	38	12	10	70	69		
2018	42	40	14	12	72	71		
2020	44	42	16	14	74	73		
2022	46	44	18	16	76	75		
2024	48	46	20	18	78	77		
2026	50	48	22	20	80	79		
2028	52	50	24	22	82	81		
2030	54	52	26	24	84	83		安奈が結婚
2032	56	54	28	26	86	85	関連会社に異動？	
2034	58	56	30	28		87		耕平が結婚
2036	60	58	32	30		89		
2038	62	60	34	32				
2040	64	62	36	34			退職、嘱託として勤務？	
2042	66	64	38	36				
2044	68	66	40	38				
2046	70	68	42	40				
2048	72	70	44	42				
2050	74	72	46	44				
2052	76	74	48	46				
2054	78	76	50	48				
2056	80	78	52	50				
2058	82	80	54	52				
2060	84	82	56	54				
2062	86	84	58	56				

図6 「未来のシミュレーション」

西暦	自分	大切な人					キャリア	プライベート

図版ダウンロードURL:http://www.nana-cc.com/nanabooks/zip/imasta.zip

特に定年退職、再就職、リタイヤ、子どもの結婚、孫が生まれる、などのビッグイベントについては、記入漏れのないようにしよう。

この作業をしていくと、意外に元気で働ける時間の短いこと、そして、大切な家族と一緒に過ごせる時間の限られていることなどに直面するだろう。今後の日本の国家財政が厳しいことなどを考えると、十分な老後資金を自分で蓄えておかないと、かなり寂しい老後になるであろうことなども、容易に想像ができるはずだ。

しばらく時間を取って、じっくりあなたの未来を予想してみてほしい。それほど遠くない未来に訪れるであろう愛する両親との別れ、子どもの独立、パートナーがいる場合は、パートナーと二人きりの老後の生活、パートナーがいない場合は、ひょっとしたら、一人暮らしを続けているのか……。あなたは、20年後、あるいは40年後、どこでどんな生活をしているのだろうか？　そして、そのような未来が現実にやってきたとき、あなたはどんなふうに自分の生涯を振り返って考えるだろうか？

もしこれまでと何も変わらず、今までと同じような仕事ぶりで、同じような生活習慣を続けていったら、あなたの未来はどうなるのだろうか？　一度、過去からの延長線上にある未来を、十分に味わっていただきたい。

もちろん、ここで寂しい未来しか見えてこなくても心配はいらない。あとで、望む未来を描いていくのだから、安心して、一度冷静にシミュレーションしてみよう。

さあ、未来をシミュレーションしてみて、あなたは、どんな気持ちになっただろうか？「こんな未来なんて望んでいない！」「私の描いている理想とは程遠いわ！」「オレの未来がこんなつまらないものだとしたら、長生きなんてしたくない！」

実は、今まで研修などでこのワークをやると、多くの受講者は、そんな感想を漏らす。さて、あなたはどうだっただろうか？　もちろん、中には、これまでも順風満帆なキャリアを歩んできたために、これからも、大体自分の理想どおりの未来になっていきそうだよ、と想像できる人もいるかもしれない。しかし、私の経験上、95パーセント以上の人は、「こんな人生は嫌だ！」「これは私の望んだ未来じゃない！」と言う。

このワークをやると、大抵の人は、かなり気分が重くなり、何ともいえない暗い気持ちになる。しかし、これもいったんは通らなければならないプロセスだと私は捉えている。そうだ。

〝健全な〟危機感を持つためだ。

さあ、〝健全な〟危機感を持ったところで、ここから先は気分を一新していこう。では、ここで立ち上がり、体を揺すったり、飛び跳ねたりすることで、嫌なエネルギーを振り払ってしまおう！　もう二度とこんな思いはごめんだ！　おさらばしよう！

〈第2ステップ〉軸となる強みを見つける

さて、気分を一新したところで、いよいよここからは楽しくて前向きなプロセスに入っていこう。

まずは、自分の軸となる強みを見つけるところからだ。私は、企業で行うキャリア研修で、受講者一人ひとりに自己の棚卸しをしていただく中で、自分の軸となっている強みが何かを発見してもらうようにしている。自分の強みを見つけると、あなたは自信を取り戻し、自尊心を高めていくことができる。そして、「快感」も大幅に増大する。自分の強みをはっきりと認識できれば、新たなものにチャレンジしていこうという気概が生まれる。困難に立ち向かっていこうという意欲も湧いてくる。

ここで言う軸となる強みとは、具体的なスキルや専門知識とは限らない。何かの分野のスペシャリストの場合は、その分野についての知識とスキルがズバ抜けていれば、それはもちろん強みとなるのだが、しかし、これだけ時代の流れが速い中、専門知識やスキルそのものが、本当の強みとも言いづらくなってきている。知識やスキルは、時の流れとともに陳腐化してしまうからだ。とくにＩＴ業界などでは、半年前に重宝されていた専門知識が、今ではもう古くて使い物にならないということが起きている。

また、ネットの発展により、専門知識やノウハウそのものの価値が、相対的に下がってきているという背景もある。どんなに専門性の高い知識やノウハウであっても、インターネットでキーワードさえ的確に入力すれば、小学生でも最先端の情報を簡単に入手することができる時代なのだ。時には大学生のほうが、大学教授よりも専門分野において立派な論文を書けてしまうということがしばしば起きるのだ。

大切なのは、あなたが今まで一貫して発揮してきた独自の特性・強みの中で、これからもさまざまな分野で活かすことのできるもの（「ポータブルスキル」ともいう）を見つけることだ。キャリアの表面だけを見ていたら、何の一貫性もないように見えることもあるが、よくよくやってきたことを振り返ってみると、その中で一定の成果を上げてきた時に、必ず発揮していた特性があることに気づくはずだ。

例えば、私の場合などは、キャリアを表面的に見ると、何の一貫性もないように見える。生命保険会社↓人材派遣会社↓給水設備のメンテナンス会社経営↓日雇いアルバイト↓人材育成コンサルティング↓心理学系専門学校のサポート↓人材育成コンサルティング、と一般の人とくらべるとかなり紆余曲折のキャリアを送ってきた。それこそ、「千代鶴さんのキャリアはよくわからないですね」と一般的には思われるだろう。しかし、自分の中で、一つひとつの仕事を振り返って、どんな時に成果を上げることができたかを分析していくと、一貫して、他の人に負けないある特性を発揮してきたことが見えてくる。

それは、人の「意欲」や「モチベーション」、「心理」といった、非常に捉えづらいものを客観的に把握し、その強化法を見いだし、実践して成果を上げさせる能力だ。平たく言えば、どんな人でもやる気にさせ、成果を上げさせることができるのが、私の強みになっている。

脱サラをして最初に立ち上げた給水設備のメンテナンス会社を経営したときも、業種は今の仕事とは何ら関係ないのだが、その時に年上の従業員をいかにしたらやる気にさせられるかということに力を注いだし、一定の成果を上げることもできていた。

また、「市場価値測定テスト」という、ビジネスパーソンの市場価値を見える化するプログラムを開発し、世間の注目を浴びたこともあった。

さらには、心理学系の専門学校でサポート業務を行っていたときは、人の深層心理を追求することで、人に対するより深い洞察を得ることができ、それをたくさんの書物にまとめることで、多くの人に深層心理の仕組みをわかりやすく伝えてきた。この時の経験が、現在のコンサルティングを行う中で、人間に対して絶対的に信頼できるようになった根っこの部分ともなっている。

そして、もちろん現在の仕事は、人にやる気を起こさせることが、メインテーマである。

このように、表面的に見るとまるで一貫性がないように見えても、どこかに軸となっている特性があるはずだ。それを見つけてほしいのだ。

そして、**この軸となる強みが見つかると、これは、仮に部署が変わったとしても、あるいは、職業そのものが変わったとしても、ずっと軸となる強みとして、これからも普遍的に活用することができるのだ。**

それは、例えば、発想力や企画力かもしれない。あるいは、業務遂行力や目標へのこだわりという力かもしれない。また、営業力、交渉力、コミュニケーション能力かもしれない。リーダーシップやチームビルディング力かもしれない。あるいは、問題解決能力かもしれない。分析力、ロジカルシンキング力かもしれない。

では、これからあなたの過去を棚卸ししてみよう。まずは、「充実度曲線」(図8)を、記入例(図7)を参考に作成してみよう。仕事がうまくいっていたとき、充実していたときはプラス、反対にうまくいかなかったとき、充実感の少なかったときはマイナスになる。曲線が描けたら、年代ごとのトピックスを挙げ、その時にどんな力を発揮していたのかを思い出し、あなた自身の強みと思われるスキルまたは特性を書き出そう。

さあ、少し時間を取って、あなたの中の宝探しの旅に出かけよう!

図7 「充実度曲線」（記入例）

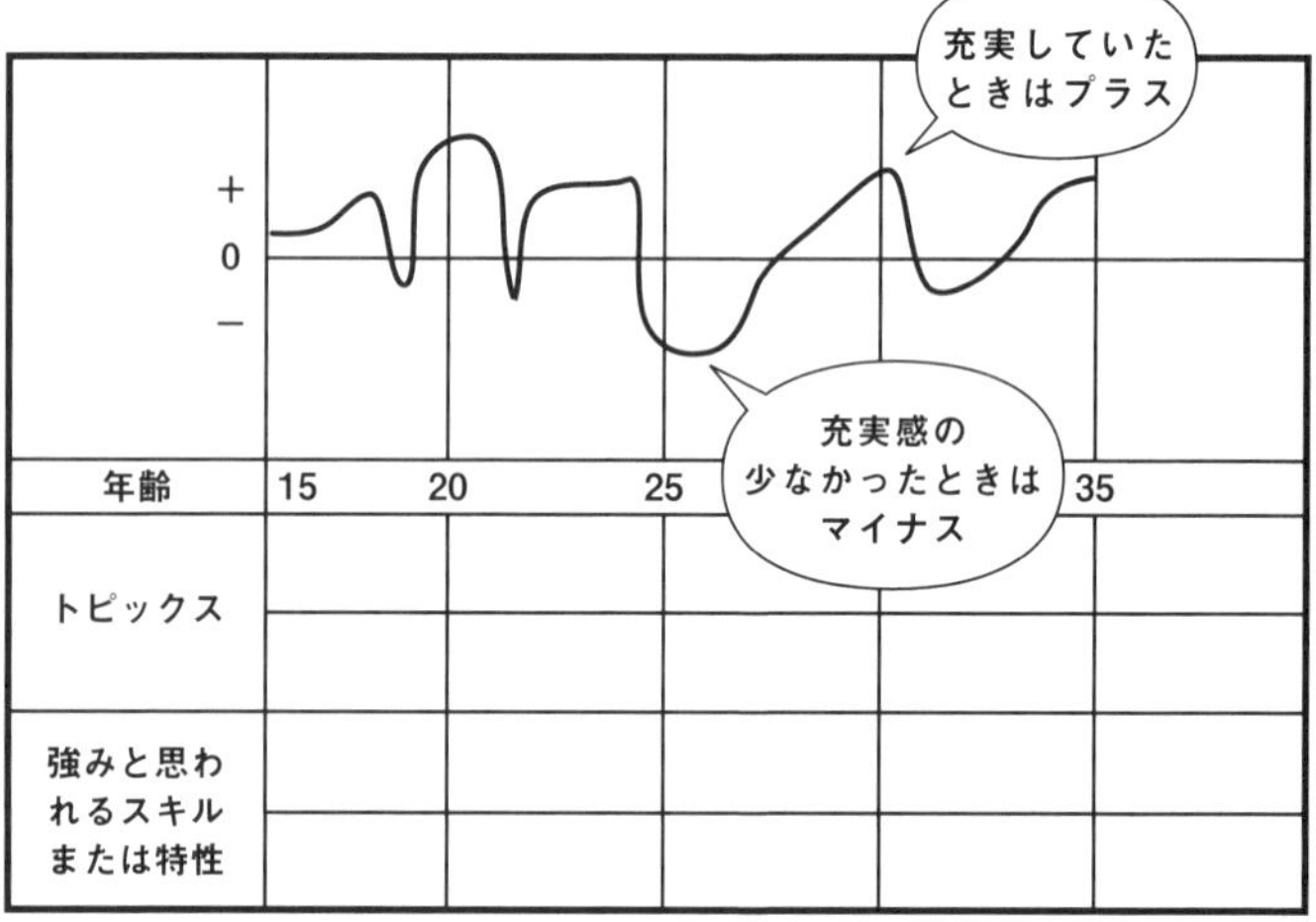

図8 「充実度曲線」

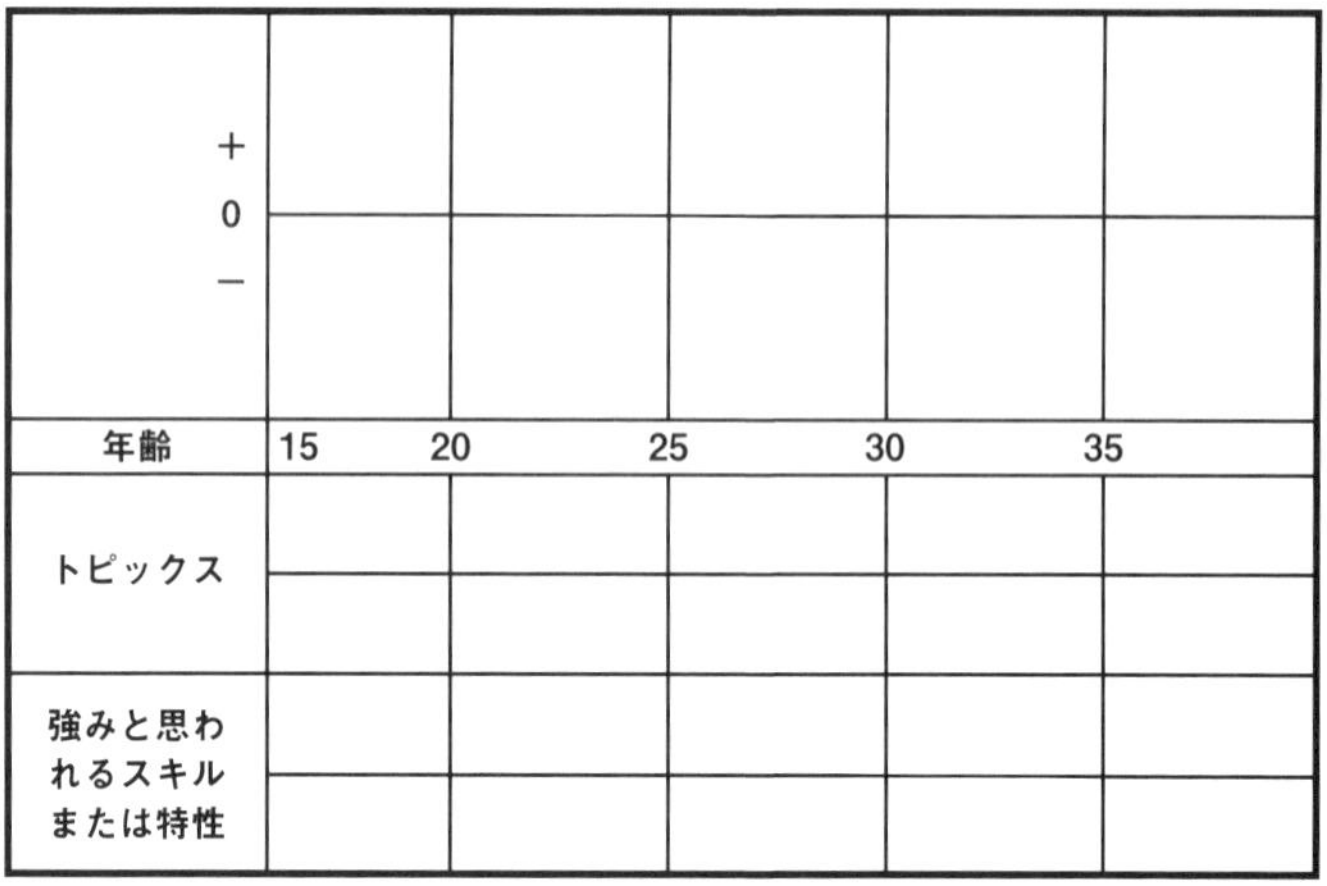

図版ダウンロードURL:http://www.nana-cc.com/nanabooks/zip/imasta.zip

あなたの強みをいくつか抽出できたことだろう。次は、いよいよ「軸となる強み」を定めるプロセスだ。これをあなたの中心軸に据えよう。これができると、あなたはもうブレなくなる。

一番の弱点の裏に最大の強みが潜んでいる

東京スカイツリーは、地震に非常に強い耐震構造になっている。その秘密は、「心柱（しんばしら）制震」と言われる耐震構造にある。「中心部に直径約10メートルの空洞があり、中にタワー本体と独立した形で鉄筋コンクリートの円筒（直径約8メートル）が立つ。本体と円筒が別々に動くことで揺れを相殺する。形状は、法隆寺五重塔の心柱にそっくりだ」（『読売新聞』2012年5月2日付）。スカイツリーも五重塔も、中心に軸となる頑丈な柱が一本、本体とは独立した形で立てられているため、たとえ本体が揺れても、倒壊することがないのだ。状況が一変する時、われわれは少なからず揺らぐものだが、それでも中心軸がしっかりしていれば、折れてしまうことはない。その揺れを柔軟に受け入れることができるのだ。あなたも、自分の中心軸を定めよう。

自分の中心軸を定めるのに大切なプロセスが、逆説的だが、あなたの弱みを明らかにすることだ。充実度曲線のグラフを眺め、低迷している時を思い出してみよう。

キャリア研修では通常、「強み弱み分析」をして、「強みを伸ばして、弱みをカバーしよう」と教えているが、私はそうは言わない。むしろ、弱みの裏側に最大の強みが潜んでいるので、弱みすらも、強みを発見する貴重な材料だと教えている。

このことをより深く理解できるよう説明しよう。

この宇宙はすべてプラスとマイナスが組み合わさってできている。プラスだけ、マイナスだけでは、いかなる物質も事象も存在できない。強み・弱みもこれと同じだ。必ずこの両方が同時に存在する。ちょうどコインの裏表のような関係だ。

例えば、あなたの強みが「行動力がある」ということだとしたら、その裏側、つまり弱みは「慎重さに欠ける」ことである可能性が高い。あなたの強みが「論理思考力」だとすると、弱みは「直観力がない」ことかもしれない。その逆で、あなたの最大の弱みがわかれば、その裏側に最大の強みが眠っている可能性があるのだ。

私の弱みは「リスクヘッジができない」だ。だから、30代前半に、経営者から一転して日雇いアルバイトにまで転落してしまった。しかし、その裏側に強みがある。それは、「怖いもの知らず」であり、「どん底からでも這い上がれることを、身をもって証明していること」だ。

これが、現在の私の誰にも負けない強みにもなっている。

あなたも、次のワークシートに従って、自分の弱みから、逆に自分の強みをひも解いてほしい。弱みが単なる弱みではなかったとわかれば、これは計り知れない自信になるし、自分に対する自己肯定感を持てるようにもなる。今までの経験は、すべて意味があったんだとも思えるようになる。そう。事実、すべては財産になっているのだ！

図9 「軸となる強み」(記入例)

1. 強みと思われるスキル、または特性 (ベスト3)	1. 人を力づけることができる
	2. 人に気づきを与えることができる
	3. 物怖じしない
2. 弱みだと思われること、または失敗体験	人の微妙な心理の変化に気づかないし、 そもそもあまり興味がないこと
3. その裏側にプラス面があるとしたら、それは何ですか?	心理という移ろいやすいものではなく、その奥にある人の本質を見抜くことができること
4. 軸となる強みは何ですか?	人の中にある本質を 引き出すことができること
5. あなたらしさとは何ですか?	人を心から信頼し、 尊敬することができること

図10「軸となる強み」

1. 強みと思われるスキル、または特性（ベスト3）	1.
	2.
	3.
2. 弱みだと思われること、または失敗体験	
3. その裏側にプラス面があるとしたら、それは何ですか？	
4. 軸となる強みは何ですか？	
5. あなたらしさとは何ですか？	

図版ダウンロードURL:http://www.nana-cc.com/nanabooks/zip/imasta.zip

友達と〝タレント発掘ゲーム〟をしよう

ここまでは、自分で自分の強みを見つけるということをしてきたが、自分の強みを知るのに、もう一つものすごく効果的で面白い方法があるので紹介しよう。それが〝タレント発掘ゲーム〟だ。これは、友達2～3人で、それぞれにお互いの強みを指摘し合う単純なゲームだ。

自分では強みだと思っていないことも、他人から見たら、明らかに強みだということが往々にしてあるので、それをお互いに指摘し合うというわけだ。案外、自分の才能や強みは、自分では自覚していないことがあるものだ。

このゲームの最大の効果は、自分に自信と誇りを持てるようになるということだ。セルフイメージも俄然上がる。しかも、かなり即効性がある。何しろ、人から面と向かって強みや才能を指摘されるのだから、これでうれしくない人はいない。

なぜこんな単純なゲームなのに、それほど効果があるのかというと、普段、私たちの多くは、人から認められるという機会がほとんどないからだ。私はよく管理職対象の研修や講演などで、「この中で、普段から面と向かって部下を褒める習慣のある方どれくらいおられますか？」と質問をするが、そこで手を挙げる人は、大抵、全体の5パーセント以下だ。20人いれば1人いるかいないか、100人いればせいぜい3人から5人程度だ。つまり、裏を返せば、上司から日常的に褒められている人の割合は、単純計算で5パーセント以下しかいないのだ。**人から認められたいという承認欲求は、人間の基本的な欲求の一つだが、ほとんどのビジネスパーソンが、この欲求を満たされていないのだ。だから、こんな単純なゲームだが、私たちの心に栄養を与える絶大な効果があるのだ。**

以前、私のクライアント企業で、〝タレント発掘ゲーム〟を応用した取り組みを行ったことがある。その企業は地方の有力メーカーで、高い技術力もあり、業界の中では高い地位を築いてはいたが、近年の長引く不況のため、ここしばらく業績は低迷を続けていた。また、社員間の意思の疎通が悪く、モチベーションも全体的に低かった。

社長は、「何とかみんなにもっと元気を出して働いてもらいたいんだけど、みんなモチベーションが低いというか……。どうしたらいいものでしょうか？」と悩んでいた。

そこで、私が考えた取り組みが、この〝タレント発掘ゲーム〟を応用したチーム対抗戦だった。5人ないし6人で一つのチームを作り、一人ひとりが自分以外の人の良いところや強み、貢献してもらったところなどを投票用紙に書いて投票する。投票した人、投票された人それぞれに1ポイントずつが加点され、その合計ポイントを月単位で競い合うというゲームだ。

それまで、他者を褒めるなどという文化の皆無だったこの企業では、面と向かって相手の長所を褒めるというのには抵抗があるので、紙に書いて投票するという方式にしたわけだ。

すると、それまで、他者の陰口ばかりを叩いていた彼らが、ゲームとはいえ人の長所や強みを見つけなければ、1ポイントも獲得することができないので、人の良いところを見つけるように意識をし始め、少しずつだが、投票をするようになっていった。

「残業で疲れている時に、鈴木さんが『課長がんばってください！』と笑顔でお茶を入れてくれて、あれで、すごく元気になれました！」「佐藤さんが新聞で良い情報を見つけてくれたおかげで、お客さんからすごく信頼されるようになりました。契約を取れたのは佐藤さんのおかげです」「会議で行き詰った時、大石さんが新しい視点を投げかけてくれて、あれがヒントになりました」

この取り組みを始めて、効果が表れるまでに、時間はかからなかった。ものの1カ月もしないうちに、目に見えて会社の雰囲気ががらりと変わりだしたのだ。

しばらくして、総務部長が、その投票用紙の中から「これはいいこと書いてあるな」と思ったものをチョイスして、渡り廊下に貼り出すようになると、さらに社内の空気は明るくなっていった。廊下を通るたびに、みながその投票内容を見るようになったのだ。意外な人が自分に投票をしてくれるのを見て、そこから会話が急に増えていった。「工場長、投票していただいてありがとうございました！　あんなふうに工場長から評価していただいているなんて、思ってもいませんでした！」

そんな会話があちらこちらから聞かれるようになり、社内のコミュニケーションが一気に活発になっていった。その結果、業績にも影響が出るようになり、なんと、この取り組みからわずか2カ月後、この企業は、7年ぶりに、単月度の売上新記録を達成してしまったのだ。翌月、全社員には、大入り袋が配られた。**お互いが認め合うということが、これだけの大きな結果をつくり出してしまう良い事例である。**

あなたも、気心の知れた友達と、〝タレント発掘ゲーム〟をしてみよう。静かなカフェで男同士向き合って相手を褒め合うのは、まわりから気持ち悪がられる可能性があるので（笑）、居酒屋のような賑やかな場所で、笑い飛ばしながらやるのがいいだろう。

「お前のポジティブさは本当にすごいよな！」「みんなの意見が固まり始めている時に、いつも全然違う視点でコメントできるお前の視野の広さには、いつも感心するよ」「お前がくるだけで、場が明るくなるよな。あれだけ一瞬でムードを変えられる奴はいないよ」という具合にだ。相手にシャワーのように褒め言葉を投げかけよう。自信を高める絶大な効果があるはずだ。

〈第3ステップ〉「叶えたいことリスト」を作成する

第2ステップで自分の強みが見えてきたことで、あなたは確実に自信を強化することができ、それと同時に、「内なるパワー」がフツフツと湧き始めているのを感じているはずだ。

ここからは、さらに加速度的に、あなたの奥に眠っているパワーを呼び覚ましていこう。次のステップでは、願望を呼び覚ますために、「叶えたいことリスト」を作成していく。あなたの欲しいものを、本能のままにリストアップしていただきたい。

あなたは、理性的な紳士、あるいは淑女として長年社会生活を営んでいるので、普段はすっかり節度ある言動をとっているはずだ。もちろん、大人として社会生活を営むためには、理性的な振る舞いをしなければならない場面が多いが、あまりにも理性的に物事を考える習慣が定着してしまったがために、自分の感情を置き忘れてしまっている可能性があるのだ。

ここでは、一度、理性のフタを取り外して、あなたの「欲しいもの（HAVE）」「したいこと（DO）」「なりたい姿（BE）」を思うままに、リストアップしてほしい。あなたの願望を思い出してほしいのだ。願望なんていう言い方は、まだキレイ過ぎる。欲望と言ったほうがいいかもしれない。本能むき出しでかまわない。死ぬまでにあなたが欲しいもの、やりたいこと、なりたい姿が何かをすべて書き出してほしいのだ。

もちろん、あなたにはもう何の制限もない。生きているうちに手に入れたいものは何だろうか？　死ぬまでにやってみたいことは何だろう？　そして、あなたはどんな人物になりたいのだろうか？　まわりから何と言われるようになりたいのか？　イメージできるものは、できるだけ具体的に書いていこう。言葉にした瞬間から、あなたにその資格が伴ってくるのだから。

さあ、童心に返って、あなたの望むものを、次々とリストアップしていこう。最初は現実的なものから始まるかもしれないが、書き始めると、どんどんあなたの願望は膨らむはずだ。自らの理性を取り外すのだ。制限を一切取り去ってしまおう！　何を書こうが、誰にも迷惑をかけることはない。どんなにあり得ないものでもかまわないし、どんなに恥ずかしいことでもかまわない。自分の妄想をめいっぱい広げて、欲望のおもむくままに書いてみよう。

さあ、残された人生は、所詮あと数十年だ。死ぬ直前に、「これだけ人生を謳歌できたんだから、もうやり残したことは何もない！　本当に素晴らしい人生だった！」と言い切って死ねるには、あなたは、人生の中で、何を手に入れればいいのだろうか？

図11 「叶えたいことリスト」（1）

やりたいこと（DO）	欲しいもの（HAVE）

図版ダウンロードURL:http://www.nana-cc.com/nanabooks/zip/imasta.zip

図12「叶えたいことリスト」(2)

なりたい姿 (BE)	やりたいこと (DO)

図版ダウンロードURL:http://www.nana-cc.com/nanabooks/zip/imasta.zip

〈第4ステップ〉最高のビジョンを描く

ここでもう1度、第2章で説明した「夢を叶えるための三位一体」(図2・P52)を思い出してもらいたい。**夢を叶えるために欠かせない3つの要素とは、「ビジョン」と「理性」と「内なるパワー」である。**クルマの運転に例えると、「ビジョン」は「ナビに目的地をセットする」作業にあたり、「理性」は「内なるパワー」は「燃料」にあたる。ナビに従ってクルマを「安全に運転する」作業、そして、「内なるパワー」は「燃料」にあたる。この概念は理解できたと思う。

しかし、一点だけ、クルマの運転とは違うところがある。クルマの運転の場合、仮に燃料が入っておらず、エンジンがかからなかったとしても、電源さえ入れれば、ナビゲーションシステムを作動させることはできるが、私たちが夢を叶えようとする場合はここだけが異なる。どういうことかというと、「ビジョン」と「内なるパワー」の2つが同時にそろって初めて、ナビゲーションシステムに「目的地をセットする」ことができる仕組みになっているのだ。つまり、ビジョンに感情が伴っていなければ、あなたの脳内コンピューターは、夢を叶えるための最短の道筋を誘導してはくれない。

どういうことか？　ここが本書の肝の部分でもあるので、詳しく説明しよう。

宇宙に存在するあらゆる物質は、すべて量子で構成されているが、これらはすべてエネルギーの回転運動でできている。だから、究極的には、すべての物質はエネルギーでできていると言うことができる。このことは、量子物理学者たちがすでに証明していることだ。

私たち人間も例外ではなく、すべてエネルギーでできている。エネルギーでできているということは、そこにはいろんな周波数のバイブレーションがあり、そのバイブレーション、すなわち波動を、私たちは四六時中、外側に向かって発信しているのだ。つまり、誰もが、目に見えない電波を発信しているようなものだ。

昔から「類は友を呼ぶ」と言うが、これはまさに同じ周波数のエネルギーを持つ者同士が共鳴、共振し合うということに他ならない。エネルギーのまったく異なる者同士は、なかなか引き合わない。前向きな人の友人は、大体前向きな人が多いし、にぎやかなことの好きな人の友人は、大抵にぎやかなパーティー好きが集まる。オタクはオタク同士で集まる。経営者の友達は大抵経営者だし、サラリーマンの友達は大抵サラリーマンだ。エネルギーは、同種のエネルギーと共振し合うからだ。

人が情報も持っているので、あなたが、どんなエネルギーを発信しているかによって、あなたのところに引き寄せられてくる人と情報が決まるというわけだ。

そして、大切なのは、このエネルギーの性質は、感情と密接な関係があるということだ。というよりも、感情こそエネルギーの性質を決めていると言ってもいいだろう。

あなたは、まったく知らない人でも、その人の近くに寄るだけで、今、どんな気分でいるのかをすぐに察知することができるはずだ。楽しい気分でいるのか、悲しんでいるのか、希望に満ちているのか、失望して落ち込んでいるのか、瞬時に察することができる。理屈ではなく、感じることができるはずだ。つまり、エネルギーを体で感じているのだ。そして、あなたと似たようなエネルギーの人といると、居心地が良く感じるし、エネルギーのまったく違う人といると、居心地の悪さを感じるはずだ。そういうものなのだ。

だから、あなたが、どんなエネルギー、すなわち感情を持つかによって、必然的に、あなたのところにやってくる人がまったく違ってくるのだ。あなたの感情次第で、あなたが引き寄せる人もモノも情報も変わってくるというわけだ。

それが「ビジョン」と「内なるパワー」がそろって初めて、ナビゲーションシステムに「目的地をセットする」ことができるという意味であり、そのことによって、あなたの脳内コン

ピューターが夢への最短コースを捜し始めるようになり、あなたの発信するエネルギーが、夢を叶えるために必要な人や情報を引き寄せるようになるのだ。

説明が長くなったが、もうこれでおわかりだろう。これからあなたがやるべきことは、あなたの未来の最高のビジョンを描くことと、それと同時に、そのビジョンを達成した時の最高の感情を十分に味わうことである。そのビジョンと感情（内なるパワー）が一つのものとなった瞬間から、あなたのナビゲーションシステムはフル稼働を始めるのだ。

いくつか事例を挙げよう。

私自身は、「はじめに」でも書いた通り、30代の初めのころ、夜の日雇い労働で食いつなぎ、まったく先が見えずに苦しんでいたある夜、突如としてビジョンが浮かび上がった。講演をして全国を飛び回っているビジョンだった。ホテルの玄関にタクシーが到着し、そこに講演の主催者が笑顔で出迎えてくれるシーンが、ありありと脳裏に浮かんだ。私は、主催者たちと笑顔であいさつを交わし、会場の中に導かれていく。会場には数百人の聴衆がすでに集まっている。私はエネルギーを高めていく。心地良い緊張感。

そして、演壇に立った時の情景。私は会場全体を見渡す。びっしりと詰めかけたお客さんが席を埋めている。みな固唾をのんで、私が話しだすのを待っている。全員の視線が私に注がれている。そして、私はニコッと微笑んで、ゆっくりと話しだす……そんなビジョンが見えていた。そして私は、それと同時に、その時の感情を全身で味わっていた。高まる緊張感、心臓の鼓動、充実感、達成感、みんなと夢や希望を分かち合う喜び……。

くり返すが、**この時の私は日雇い労働者である。工事現場でガードマンのアルバイトをしていた私が、そんなビジョンを見て、そんな体験を〝感じて〟いたのである。**

まさにその瞬間、私の脳内のナビゲーションシステムは、目的地をセットしたのだ。当時の私に、そんな目的地までたどり着く道筋など見えるはずもない。しかし、この時から、私の脳内コンピューターは、フル稼働をして目的地にたどり着く道筋をサーチし始めたのだ。

前述した大手小売業で、ワースト20位から、わずか3カ月で全店舗中ナンバーワンになってしまった店長Bさんは、研修の中で、「店長としてのプロフェッショナルになる」というビジョンを力強く宣言していた。他のメンバーとくらべると、もの静かな語り口調だったが、彼の中では、はっきりとしたビジョンが見えていたはずだ。店舗運営に関しては、誰に何を聞かれても答えられる、プロ中のプロの店長像が、彼の中ではすでに出来上がっていたに違いない。そして、そんな誇りを持った堂々とした自分を、すでにその時〝感じて〟いたのだと思う。私は、当時の彼の表情から、そんな静かな確信のようなものを感じていた。

某大手IT系企業で毎年行っているキャリア研修では、自分の未来のビジョンをみんなの前でスピーチするというワークを毎回行っているが、そこで一人の男性社員が非常に印象深いスピーチをしてくれた。

「今日は、わが社の○○周年記念のイベントに、このラスベガスに、全世界からお集まりいただきありがとうございました！　このたび、CEOに就任いたしました○○でございます！　昨年、△△社を傘下に収め、今後はさらなるグローバル展開をしていくべく、新たな戦略を打ち出しました。後ほど、詳細については発表があると思いますが、今日は楽しいイベントもたくさん用意していますので、どうぞ思う存分、最後まで楽しんでいってください。それでは、みなさんのさらなる繁栄を祝して乾杯！」

これを聞いた他の社員たちは、彼のあまりにも堂々としたスピーチと、立ち居振る舞いに圧倒された。彼の中では、リアルな未来の映像が見えていたし、その場でCEOとしての自分を〝感じて〟いたのだ。

彼はその後、その企業の中枢部門で重要な仕事を任されるようになり、上司の信頼もがっちりつかんでいる。恐らく、同期の中でも出世頭だろう。彼は本当に彼の語ったビジョンを実現するのではないかと思う。

最高のビジョンを描くと同時に、それを実現した自分を十分に感じること。これが、最大の秘訣だ。


では、これから、あなたの最高のビジョンを描いてみよう。何年後のビジョンでもかまわない。1年後でも、10年後でもいい。自分で描きやすい年数を決めて、あなたにとって、「これが本来の自分なのだ！」と思える理想の姿を描くのだ。あなたの中の最高のイメージが、必ず、あなたの中に存在するはずだ。

そして、ぼんやりとでもビジョンが浮かんできたら、その時、まわりにどんな情景が広がっているかを想像してみよう。イメージを膨らませ、あなたにとって、より理想的な情景を描いてみよう。

そうして、充実感や達成感、ワクワク感や楽しさ、豊かさや幸福感など、「快」を感じる感情で満たされるようにしていく。イメージを浮かべることで、自分自身の内側からメラメラと力がみなぎってくればしめたものだ。

そんなビジョンが見えてきたら、それを絵にしてみよう。下手でもかまわない。ビジョンは、絵のまま脳裏に焼きつけておくのがいちばんいいのだ。

図13「私の最高のビジョン」

図版ダウンロードURL:http://www.nana-cc.com/nanabooks/zip/imasta.zip

〈第5ステップ〉「人生年表」を作成する

第1ステップの「未来のシミュレーション」では、このまま行ったら未来はどうなるかを予想した。その後、第2ステップで、軸となる強みを見つけ、第3ステップでは、欲望のままに「叶えたいことリスト」を作り、そして、第4ステップで、あなたがいま描ける最高のビジョンを描いた。ここまでのプロセスで、明らかにあなたの中から、新たな希望や野望、夢が湧いてきたはずだが、今度は、ここまでのプロセスを踏まえて、第1ステップと同じ表を使って、「人生年表」を作ってみよう。

第1ステップの「未来のシミュレーション」で描いた未来とは、180度質の違う人生を、あなたはもう描くことができるはずだ。

私の研修では、最後に受講者一人ひとりに、「人生年表」を作ってもらう。これを完成させると、みなキリッとしたいい表情になる。パワーがあふれているのを、はた目に見ていても感じ取ることができるようになる。「未来のシミュレーション」で、残された人生の長さはすでに体感しているはずなので、その残された貴重な時間の中で、あなたは何を成し遂げたいのか、そして、どんな人生にしていきたいのかを、今からデザインしてみよう。

1度、書いたら、後で修正できないなどと考える必要はない。どんどん書き換えてかまわない。一つの夢を叶えることができると、またそこから新たな夢が出てくるものだ。夢はどんどん膨らむので、これはたびたび見直して、修正していけばいい。まずは、現時点で最高と思われる人生設計を書いてみることだ。

ビルを新しく建てる時も、建築家は何度も何度もラフなスケッチを描いては、自分のイメージに合うものができるまで、描き直しているはずだ。最初から完璧なものなど作る必要はない。まずは、書き始めないと、何も始まらないのだ。

読者の中には、そんな面倒なことまでやる必要があるのかな、と疑問を持つ人もいるかもしれないが、私の知る限り、**充実した人生を送っている人は、かなりの割合で、自分の人生プランを真剣に考えて、それを紙に書き出している。ミッションやビジョンとともに、何年までに何をするという計画を書いたメモを書いている人は多い。事実、そんなメモを書いている人は、後から振り返って、「昔書いたことは、ほとんど叶ったよ」という話をする。書くだけで叶う確率が格段に上がるのだから、どんどん書いてしまえばいいのだ。**

作り方は、未来のシミュレーションと同じで、大切な人の名前と年齢を入れたうえで、キャリアとプライベートの面で、それぞれ実現したいものから埋めていく。第3ステップの「叶えたいことリスト」で書いたことを、順番に埋めていってもいいだろう。

人生年表を作る上で、一つだけコツがある。それは、1年後、2年後という短期スパンで、あまり欲張り過ぎないということだ。1年でできることには、現実的に限りがある。タイムラグもある。今から準備を始めて、それが目に見えた結果として現われるまでには、2、3年かかることもしばしばある。だから、最初の1、2年は、少し背伸びをする程度、今より一歩新たなことにチャレンジする程度でいい。

しかし、10年あれば、あなたが想像している以上のことができる。あのFacebookだって、マーク・ザッカーバーグがハーバード大学で学生相手にサービスを開始してから、まだわずか8年しか経っていないのだ。

また、ジェームス・スキナーは、『成功への9ステップ』(幻冬舎)で**一つの分野に絞って毎日勉強をすれば、わずか7年で世界的権威になれると言っている。1年、2年では、それほど大きなことはできないかもしれないが、5年、10年あれば、驚くべきことが達成できる**のだ。

そして、この作業では、あなたの心が高揚することが何よりも大事だ。自然と笑みがこぼれてしまうような、人生年表を作ってしまおう！

図14「人生年表」

西暦	自分	大切な人					キャリア	プライベート

図版ダウンロードURL:http://www.nana-cc.com/nanabooks/zip/imasta.zip

〈第6ステップ〉メンターをつくる

「内なるパワー」を解き放つ最後のステップは、「メンターをつくる」だ。

ここまでのステップで、すでにあなたは、「内なるパワー」が解き放たれ始めたと感じているだろう。その勢いを一気に増幅させてくれるのが、メンターの存在だ。

メンターを持つことは、必須と思ってもらっていい。なぜならば、自分一人で自分を変えることほどハードルの高いことはないからだ。自分一人だけでは、まず変わらないと思ったほうがいい。自分一人では、どこまで行っても、自分の考えという枠の中から抜け出ることができないからだ。

しかし、**自分と全然違うレベルの人と触れ合うことで、今まで思ってもみなかった考え方や発想を知ることができるし、見たことのない世界を見ることができる。その時初めて、人は自分の小さな枠の中から飛び出すことが可能になるのだ。**

歴史をひも解いてみても、事を成し遂げている人には、必ずメンターの存在があった。坂本龍馬は、勝海舟と出会ったことで、世界で起きていることを客観的に捉えられるようになり、飛躍的に広い見地から物事を考えられるようになった。高杉晋作や桂小五郎には吉田松陰という天才的なメンターの存在があった。

現在、ビジネスの世界で活躍している人にも、ほぼ例外なくメンターの存在がある。著名な経営者やコンサルタントなどにも、必ず、いざという時に相談をする存在がいるものだ。彼らは、100パーセント信頼を寄せるメンターを持つことで、彼らに引っ張ってもらって今の地位を築いてきたし、すでに成功した現在でも、いざという時には、彼らに相談に乗ってもらうことで、判断を間違わないようにしているのだ。

だから、あなたも、あなたが尊敬できるメンターを見つけることだ。メンターをつくることで、一段上のステージへといち早くステップアップすることが可能になる。

そして、**メンターの存在で何より大きいのは、彼らのエネルギーに触れることができることだ。エネルギーに触れることで、あなたのエネルギーもそれに共鳴し、変化することが可能になる。その空気感に触れることがいちばん大きい。**

私にもこれまでに、何人かのメンターと呼べる存在がいた。いま振り返ってみても、彼らから受けた影響は計り知れないほど大きい。彼らと出会うたびに、ステージがポンと上がった感覚がある。引き上げられた感じだ。

あなたに、もしまだメンターと呼べる存在がいなければ、まずは意識をしてみよう。必ず、近いうちに、「この人から学びたい！」という人が現れるだろう。

第４章　「突き抜ける人」になるための９つの習慣

第3章で、「突き抜けて生きる」ための具体的な方法、「内なるパワー」の解き放ち方を公開した。この章では、日常に「突き抜ける力」を意識づける毎日の習慣、心がけを紹介していこう。

〈習慣①〉最高のセルフイメージを常に考える

人はほぼセルフイメージどおりの人間になる。あなたの現在は、あなたの過去のセルフイメージの集大成だともいえる。だから、これから人生を変えたければ、普段、あなたが自分自身に対してどんなセルフイメージを抱いているかに、細心の注意を払う必要がある。

六本木にある日本一の超高級タワーマンションにプライベートオフィスをかまえ、毎月、沖縄や海外を行き来するという夢のようなライフスタイルを実現しているマーケティング会社の若き経営者は、数年前から、そのマンションを借りるつもりで、そのマンションのエントランスロビーの写真をいつも持ち歩いて眺めていたという。そうやって、「自分はこういうところに住むべき人間だ」というセルフイメージを高めていったのだと言う。

「年収1億円稼ぎたければ、『すでに自分は年収1億円稼いでいる人間だ』というセルフイメージを持つことですよ。それだけだと思いますよ。それができれば、結果は後から着いてきますよ」

また彼は、私と友人のコンサルタントにこんなふうに質問を投げかけてきた。

「仮に、政府が『明日からコンサルタント業はやってはいけない』という法律を作ったとしますよね。そうしたら、千代鶴さんたちは、今の仕事ができなくなります。でも、想像してみてください。きっと1年くらいたったら、何か別の仕事を始めて、結局気がついたら、今くらいの年収は稼いでいるような気がしませんか？」

これには、私も私の友人も、思わず納得してしまった。

「確かにそんな気がしますね……」

この問いは、なぜか妙に説得力があった。

全米一のマネーコーチといわれるハーブ・エッカーは、誰もが潜在意識の中に「お金の設計図」なるものを持っていて、その設計図どおりの経済状態を実現しているのだと言う。

「あなたの人生はどのような結末に向かって突き進んでいるのか。成功か、平凡な生活か、それとも破産か。必死に働いてもお金には縁がないのか、それともお金には苦労することがないのか。しゃかりきになって働く運命か、人生を楽しむために働く運命か。定収入を得るようにプログラミングされているのか、それとも浮き沈みの激しい生き方をする運命か。

実を言えば、『お金の設計図』には、あなたの収入のレベルが具体的に書き込まれている。年収2〜3万ドルなのか、4〜5万ドルなのか、7〜10万ドルなのか、それとも25万ドル以上か……」（『ミリオネア・マインド　大金持ちになれる人』ハーブ・エッカー著　本田健訳　三笠書房）

人生が、潜在意識の中で自分がプログラミングした設計図どおりになっているとしたら、そして、今の人生に満足していないとしたら、その潜在意識に設定したプログラミングを、今から書き換えるしかない。

そして、最高の自分になりたければ、自分の最高の姿とはどのような姿なのか、どのような人間になりたいのかについて、最高のビジョンを持つ必要がある。さらに、自分が普段何を考え、何を思い、どんな言葉を使っているのかに、細心の注意を払わなければならない。なぜならば、そういった何気ない思考や言葉の数々が、知らず知らずのうちに、脳の設計図を形作っているからだ。

物心ともに成功している人と話していると、やはり、言葉の端々に、自分を大切にしていることがうかがえる。謙遜して「私でよろしければ」という言葉は使っても、「私なんか」と自

分を卑下するようなニュアンスの言葉はまず使わない。そういう言葉の一つひとつが、自分の人生に大きな影響を与えることをよく知っているから、思考と言葉に細心の注意を払っているのだ。

あなたも、成功者たちと話をすると、言葉の使い方一つひとつによく気を配っていることに気づくはずだ。彼らはまず、乱暴な言葉や、誰かを小バカにするような言葉は使わない。そういう言葉を使うと、その言葉が自分に跳ね返ってくることを知っているからだ。

心理学者カール・ユングによれば、私たちの無意識は、個人的無意識と、他人につながる集合的無意識とに分かれ、後者は、個人を越えて地域的な無意識や民族的な無意識、そして、人類的な無意識に階層的につながっているという。つまり、私たちの無意識には、自分と他人とを区別できない意識が含まれているというのだ。

そのことからすると、誰か他人に言った言葉であっても、潜在意識は、自分のこととして受け止めてしまう可能性があるわけだ。だから、「あいつはダメなヤツだな」などと言ってしまうと、潜在意識は「ダメなヤツ」という言葉だけを認識するので、自分のセルフイメージに、「ダメなヤツ」というプログラムがインプットされてしまうのだ。

自分も他人も大切に扱う。丁寧な言葉で人と接し、良い言葉を使う。そして、自分の最高の姿をいつも思い浮かべ、その時の充実感、達成感、ワクワク感、誇りなど、自分が味わいたい感情を味わう。すでにそういう自分になったかのように、その気分に浸りきる。これも訓練なので、継続して行うことで、あなたのセルフイメージは少しずつ、しかし、確実に書き換えられていく。そうなると、そういう自分にならないほうが難しくなるのだ。

〈習慣②〉自分には大き過ぎるほどのビジョンを描く

ドライブに出かける時、最初にナビで目的地を設定しさえすれば、その目的地がどんなに遠かろうと、そこまでの最短ルートをナビが勝手に割り出してくれる。それと同じで、ビジョンがどんなに大きかったとしても、いったん設定してしまえば、そこに向かう道筋を、あなたの脳内コンピューターがちゃんと割り出してくれる。そこまで行く全ルートを、前もって正確に知る必要などない。目の前に示されたルートに従って、安全運転を心がければいいだけだ。クルマで目的地に向かって走るのと、ビジョンを叶えていくプロセスはよく似ている。

しかしこの両者が決定的に違う点が一つある。それは、**大きいビジョンの方が、小さなビジョンよりも叶うスピードが速い場合があるということだ。なぜならば、大きなビジョンの方が、人の協力を得やすく、たくさんの人を巻き込み、本気にすることができるからだ。だから、実は、ビジョンは大きければ大きいほどいいのだ。**

2011年のサッカー女子ワールドカップで優勝を飾ったなでしこジャパンは、大会前から佐々木監督と澤選手が口をそろえて「金メダルを獲る！」と宣言していた。彼らが、この最高のビジョンを掲げ、常々口にしてきたからこそ、チームのメンバーたちは、本気でこの夢を目指した。金メダルを獲るためのトレーニングを積み重ね、スタッフもそのための戦略を考えてきた。これがもし、「メダルを獲る」くらいの目標だったとしたら、絶対に優勝はできなかっただろう。ひょっとしたら、ベスト4すら達成できなかったかもしれない。

あなたは「なでしこは、もともと優勝を狙えるくらいの実力があったからでしょ？」と思うかもしれない。が、それだけ実力のあるチームを作り上げてこられたのは、それ以前から関係者たちが、常々高いビジョンを掲げてきたからに他ならない。

ちなみに、南アフリカワールドカップでは、当時の岡田監督が、大会前に、「目標はベスト4」と言っていたが、あの時も、「目標は優勝！」と堂々と掲げればよかったのに、と思う。そうしたら、あの大会でも、もっと上に行けたと私は思っている。

私の知人で、ラフティングの日本代表チームを世界チャンピオンに導いた男がいる。浅野重人監督だ。ラフティングというのは、4人乗りのボートで急流下りをするスポーツだ。このスポーツは体力がものをいう競技なので、世界大会で上位に入賞していたのはいつも、屈強な選手がそろうヨーロッパかアメリカ大陸のチームだった。浅野さんが初めてラフティングの世界大会に選手として出場した10年前は、日本チームは参加30数カ国中、下から2番目という成績で、「まったく世界の舞台では歯が立たなかった」という。

その時、彼は、あるコーチから「日本チームが世界大会で上位に食い込もうと思ったら、お前がロシア人の女性と結婚して、息子たちに夢を託すことだな。それでも日本がトップクラスに追いつけるようになるには50年はかかるよ」と言われたという。つまりDNAレベルから肉体改造をしないと、絶対に勝てないというわけだ。

実際に、競技の写真を見せてもらって驚いたが、強豪のヨーロッパ諸国やブラジルチームの選手たちは、身長が2メートル近くもある大男ぞろいだった。日本チームは、ヨーロッパの女子チームの平均身長にも満たない。それくらい体格や体力では明らかに劣っていた。

それだけのハンデがあるにもかかわらず、彼が率いる日本代表チームは、それからちょうど10年後、見事に世界チャンピオンの座をつかみ取った。

私が、「いちばんの勝因は何だと思いますか?」と聞くと、彼は間髪入れずにこう答えた。

「ビジョンですね。僕は10年前から、『絶対にオレたちは世界一になるぞ!』と言い続けていましたから。どんなにまわりからバカにされようともね。僕が、仮に、『世界大会に出場する』というのを目標にしていたら、優勝なんて絶対にできなかった。それでは、選手は誰も本気を出せないですから。当時、世界一という途方もない目標を掲げたからこそ、日本のトップアスリートたちが、みんな本気になってがんばってくれたんです」

会社の経営も同じだ。社員たちから、「うちの社長はまた大風呂敷しいちゃって！」と言われるくらい大きなビジョンを社長が掲げる会社は、やはり元気があって伸びる会社だ。社長が現実的で堅実な発言をしだすと、まわりからは「まともになってくれたか」と安心されるが、そういう会社はやがて失速していく。

大きなビジョンには、それだけ人を巻き込み、人を本気にする力があるのだ。だから、ビジョンは大きければ大きいほど、早く叶う可能性があるのだ。

ある起業家から、「1000万の投資をしてもらうより、100億投資してもらうほうが簡単なんだよ」という話を聞いたことがある。投資家からすれば、年商1億程度の小さな事業よりも、数百億数千億に成長する可能性のある大きな事業のほうが、はるかに魅力があるからだ。

あなたのビジョンは小さくまとまっていないだろうか？

〈習慣③〉常に頂上だけを見る訓練をする

「意識をフォーカスしたものが拡大・発展する」という法則がある。成功することに意識をフォーカスすれば成功を引き寄せ、失敗することに意識をフォーカスしてしまうと、やっぱりそのとおりに失敗してしまう。だから、あなたが突き抜けた成果を上げたいのであれば、常に、成功すること、ずば抜けた成果を上げることに、できるだけ長い間、意識をフォーカスする習慣を身につけなければならない。

オリンピックに出場するようなトップアスリートたちが、本番の直前にイメージトレーニングをすることは、今ではよく知られているが、**金メダルを獲れる人は、「私は絶対に金メダルを獲れる！」と信じ切った人だけだという。**逆に、**せっかく金メダルを獲れる実力があり、途中まで絶好の位置につけながら、最後の最後にミスをして金メダルを逃がしてしまう人は、どこか自分の中で、不安や心配が顔を出してしまう人だという。**意識のどこかで、ほんのわずかに、ミスをすることに意識をフォーカスしてしまうから、肝心なところで致命的なミスを犯してしまうのだ。

オリンピックで金メダルを獲るとか、プロスポーツの世界でトップ選手になるというのは、本当に並大抵のことではないと思うが、ビジネスの世界で突き抜けるのは、それにくらべたら、それほど難しいことではない。なぜなら、スポーツの世界は、もともと抜群の運動神経を持ち、中学、高校と勝ち抜いてきたいわばスポーツエリートたちの集まりであり、かつ、みんながトップになるという明確な目標を持って励んでいる選手たちばかりなので、競争が恐ろしく激しいからだ。

その点、ビジネスパーソンの場合は、むしろ、明確な目標を持っている人のほうが少ないので、あなたが明確な目標を持った時点で、すでに一歩リードできてしまうのだ。

そして、目標はできるだけ高いほうがいい。そこに常に意識をフォーカスしておくべきだ。「頂上だけを見よ!」ということだ。そういう人だけが、突き抜けた結果を手にすることができる。

では、なぜそれほど、自らの意識に気を配らなければならないのか?

それは私たち人間の脳の働きに大きく関係している。あなたにも、昔テレビで活躍した俳優の顔がふと頭に浮かんだけれども、その人の名前がどうしても思い出せない、という経験があるのではないだろうか。思い出したくてもどうしても思い出せなくて、気持ちが悪くなる経験は誰しもあるはずだ。しかし、その場では思い出せなくても、クルマを運転している時や、ご飯を食べている時、あるいはベッドに横になった時など、後になって、ふいに思い出したりする。たとえ時間はかかっても、必ずいつかは思い出したはずだ。それも、もうそのことは頭になくなったころに、突然思い出すものだ。

では、なぜ時間はかかっても、後になってから必ず思い出すのだろうか？

それは、人間の脳が、ちょうど検索エンジンのような機能を持っているからだ。私たちは生まれて今日までに学んだこと、体験したことを、本当は一つ残らず脳が記憶しているといわれている。しかし、私たちがいったん認識したデータは、その重要度によって、その後保管されるフォルダが分けられる。生命を危険にさらす可能性のある情報は極めて重要なデータなので、それらは最重要情報として前頭葉に保管される。一方で、生存に関係のないデータは、それほど重要ではない情報として側頭葉という部分に送られ、そこのしかるべきフォルダに保管される。側頭葉にしまわれたデータは、普段私たちの顕在意識には上がってこない。私たちが普段忘れてしまっていると思いこんでいるのは、ほとんどのデータが、側頭葉のフォルダに保管されるからだ。

そこで、昔活躍した俳優の名前は重要な情報ではないので、側頭葉に保管されているわけだ。ところが、顕在意識が、その俳優に関連したあるキーワードをインプットすると、ちょうど検索エンジンがそのキーワードに引っかかるデータを側頭葉の中にないか、探しに行くのである。この検索エンジンは寝ている間も働いてくれている。そのキーワードに該当するデータを見つけるまで動き続けるのだ。だから、ずいぶんと時間が経った後になって、突然、思い出すことができるのだ。

つまり、私たちの脳にはすでに膨大なデータが蓄積されていて、しかも、毎日新たなデータが次から次へと追加されているのだ。その中にはあなたを成功に導く貴重なデータもすでに相当量入っているのだ。だから、大切なのは、どんなキーワードで検索をかけるかだけなのである。それが引っ張ってくるデータの質を決めるのだから。**頂上を目指したければ、頂上に意識を集中させること。**

まだ脳にインプットできていない情報でも同じことが言える。あなたが正しくキーワードさえ入れれば、それに関連する情報を、全速力で脳は検索し始めるのだ。

あなたも試しにやってみてほしい。今あなたが必要としているものがあれば、それが人でもモノでも情報でもいいから、そのキーワードをまず紙に書いてほしい。そして、それを頭にイ

ンプットすれば、必ずそれに関連する情報が、どこからか目に飛び込むようになる。雑誌かもしれないし、新聞かもしれない。友人との会話の中で出てくるかもしれない。あらゆる手段を使って、脳の検索エンジンがそのキーワードに関連する情報を拾ってきてくれるだろう。

あなたも何かの分野で突き抜けたいなら、本当に求めているものに意識をフォーカスしよう。

〈習慣④〉毎朝ゴールデンタイムをつくる

確実に「突き抜ける生き方」を実践していける簡単な方法がある。それは、朝の時間を最大限に有効活用することだ。朝はできるだけ余裕を持って起き、その時間で、自分にとってもっとも重要なことに取り組もう。

以前、大前研一さんが、雑誌にこんな記事を書いていたのを読んだことがある。

「人間が変わる方法は3つしかない。1番目は時間配分を変える。2番目は住む場所を変える。3番目はつきあう人を変える。この3つの要素でしか人間は変わらない。もっとも無意味なのは『決意を新たにする』ことだ」

たしかに、「決意を新たにする」だけでは変わらない。その後の、具体的な行動が伴わなければ、実際には何も変わらない。ここをたまに誤解をする人がいるが、行動が絶対に欠かせない要素であることは言うまでもない。

そして、具体的にどう行動を変えるかについて、大前さんは、「時間配分」と「住む場所」と「つきあう人」を変えよとおっしゃっているわけだ。

この中で、「住む場所」と「つきあう人」を変えるのはすぐにはできないが、「時間配分」を変えることは、意識さえすれば、今日からでもできる。

では、具体的に、どういうふうに時間配分を変えればいいかというと、簡単に言えば、**「もっとも重要なこと、つまり『望む成果に結びつくこと』に、もっとも多くの時間を割くようにする」ということだ。これができれば、それだけで結果は間違いなく変わる。しかし、これだけでは、具体的に何からやってよいかわかりづらいだろう。だから、いちばん簡単な方法から始めよう。それが、「毎朝、余裕のある時間をつくる」ということだ。**

私はこの朝の時間を「ゴールデンタイム」と呼んでいる。もっとも価値を生む貴重な時間だからだ。もしもあなたが、いつもバタバタとした余裕のない朝の過ごし方をしていたとしたら、今までより30分、いや15分でいいから早く起きるようにしよう。

そして、この朝の「ゴールデンタイム」に、自分のビジョンや目標を書き出した紙を見つめ、それを達成するためにこれからやるべき行動をリストアップし、それをシステム手帳に落とし込んでいくのだ。仮に、あなたにとってやるべき行動が「マーケティングについて勉強する」ことだとしたら、例えば、「マーケティングの本を買ってきて読む」という時間をスケジュールの中につくるのだ。今週、まったく時間がなければ、来週の木曜日の夜と、再来週の土曜日の午前中にその時間をつくってもいい。

つまり、「ゴールデンタイム」の間に、もっとも重要なことに優先的に時間を割くことができるように、スケジュールを組んでしまうのだ。これをやるだけで、大事なことに優先的に時間を使えるようになってくる。逆にこれをやらないと、重要なことではなく、差し迫った「やらなければならないこと」をやるだけで毎日が終わってしまう。日々の忙しさに流されてしまうのだ。まずは最低でも、毎朝、この「ゴールデンタイム」をつくるということだけでも始めてみよう。この習慣ができるだけで、ずいぶんと毎日の充実度が変わってくる。

突出した業績を上げている人たちは、例外なく、朝の時間をフルに有効活用している。

ワタミ株式会社の会長・渡邉美樹さんは、毎朝5時には会社に出社し、朝礼の始まる9時までに、その日やるべき業務をすべて片づけてしまうという。だから、社員たちが仕事を始める時間には、もう「やらなければならないこと」が何も残っていないので、いつでも誰かの相談に乗ることができるし、新しい事業の構想を練るなどの建設的な仕事に余裕を持って取り組むことができるのだという。

私の知る世界でもトップクラスのある経営コンサルタントは、毎朝4時に起きて、朝食を取るまでの約3時間の間に、読書とジョギングと瞑想《めいそう》をこなすという。彼はこう言う。

「朝、勝利から始めれば、その日はもう勝利したようなものなのだよ」

新たな知識をインプットし、体力を鍛え、心を整える。たしかにすべてが、成長へと向かう行為だ。彼は還暦を過ぎているにもかかわらず、今でも精力的に全世界を飛び回ってクライアント企業の指導をしているだけでなく、自ら新規事業を興すほどパワフルに活躍している。

このように成功者たちの朝の時間の使い方には、学ぶべきところが多い。

あなたもまずは、朝の「ゴールデンタイム」をつくるところから、習慣を変えてみよう！

〈習慣⑤〉自分より成功している人とつき合う

人にもっとも大きな影響を与えるのは、やはり人をおいて他にはない。だから、先ほどの大前さんの話にも出てきたが、**私は、「つき合う人」を変えることは、人生を変える上での必要条件ではないかとさえ思っている。**私自身もこれまでの人生の中で、何度かターニングポイントがあったが、そういう時には、必ず、人との出会いがあった。彼らとの出会いがなければ、人生が大きく変わることはなかったと思う。

最初に大きなインパクトを受けたのが、『ユダヤ人大富豪の教え』（大和書房）など数々の大ベストセラーを世に出し、今や押しも押されもせぬベストセラー作家となった本田健さんだった。私が、初めて本田さんに会ったのは、今から17年ほど前で、私は30代前半で、まだ先がまったく見えずにあえいでいたころだ。本田さんはといえば、まだ20代の青年で、当時はまだ無名の存在だった。

「面白い人がいるから会ってみない？」という友人の紹介で、新宿のホテルのラウンジでお会いしたのだが、私はあっという間に彼のファンになってしまった。20代の若さにもかかわらず、すでに成功者特有のオーラや自信と、豊かで包み込むような柔らかい雰囲気を併せ持っていた。実際にビジネスで成功してキラキラ輝いていた彼は、以来、私の憧れの存在となった。私が最初にロールモデルに出会った瞬間だった。

初対面にもかかわらず、「千代鶴さんは、僕とすごく似ているんですよ」と言ってくれたことも、私にとっては大きな自信になった。「オレもいつかあんな人間になりたい！」と思ったし、「いつか必ずなれる！」とも思った。その時点で、私は、自分の中にあるナビに、「目的地」の一つとして「本田健さんのように人に夢と自信を与えられる存在になる」ということをセットしたような気がする。

またちょうど同じころ、次第に「人を育てる」ということに興味を持ち始めた私は、心理学やコミュニケーションなどにも関心を抱くようになり、安く学べるところはないものかと友人に話したところ、「それなら僕の知り合いで、そういうことを教えている人がいるよ」と言って、一人の先生を紹介してくれた。それが、後に〝コーチング界のカリスマ〟などと呼ばれる存在になった岸英光さんだった。

そのころ、岸さんは、すでに、大企業を相手にした大きな仕事もこなしていたが、独立をして間もないころだったということもあって、夜は、小さな教室を借りて、「コミュニケーショントレーニング」というごくごく少人数のクラスを教えていた。1回の受講料が安かったこともあって、私はそのクラスに通うようになり、コミュニケーションの奥深さや、人が結果を出す時というのはどういう時なのか、などを学んでいった。これがとても楽しかった。

そして、岸さんとは同じ年ということもあって、次第にビジネスでもご一緒させていただくようになり、実践を通して、さまざまなセンス、秘訣を肌で吸収していった。現在、私が企業研修やコンサルティングなど、人材育成の仕事ができているのも、もとをたどれば、岸さんとのご縁があったからこそである。

現在、私は、日本を代表するような名だたる企業で仕事をさせていただいているが、同業者で、私のように、30を過ぎて日雇いアルバイトをしていたような泥臭い経歴を持つコンサルタントなど皆無だ。その多くは東大、京大、一橋などの国立大か、早慶のいずれかを卒業し、リクルートで人材教育にかかわる仕事をしていたか、大手企業で人事部門のマネジャーを長年勤めていたか、そのどちらかだ。つまり、みんな絵に描いたようなエリートばかりなのだ。

そんな中で、気後れすることなく、この業界に参入できたのも、「すごいエリートばかりで、オレ、やっていけるのかな……?」と不安がっていた私に対して、「で、それがどうかしたの?」とさりげなく私の本気を引き出してくれた岸さんのおかげなのだ。

このように、これまでの人生を振り返ってみると、自分の意識の中のステージがポンと一段上がった時には、いつも自分よりも成功している人との出会いがあった。そして、そういう人たちとつき合っているうちに、いつの間にか、実際にステージがポンと上がっていく。

ここには少しタイムラグが生じる場合もあるが、必ず、いつかは、つき合っている成功者たちと、同じようなステージに上がる時が来るのではないかと思う。

こんなことを教えてくれた起業家がいた。

「自分がつき合っている人の年収を平均したら、大体、自分の年収になるんだよ」

年収はもちろん成功の一つの指標にすぎないが、大切なのは、誰とつき合うかで、自分が将来どんなレベルの人間になるかが決まってくるということだ。

今、自分がどんな人たちと普段つき合っているかを考えてみれば、この言葉は納得がいくはずだ。もし、あなたが、現状のままではなく、突き抜けた存在になりたければ、つき合う人間を選ばなくてはならない。もちろん、会社の同僚とお酒を飲みに行ってはいけないと言っているのではないが、意識的に、自分よりも成功している人と接する時間をつくらなければならないということだ。そこから、あなたの人生は確実に音を立てて変わり始める。

〈習慣⑥〉エネルギーをいつも〝快〟の状態にしておく

月曜日の朝、「今日からまた一週間がんばらなきゃいけないな！」と気合いを入れるビジネスパーソンと、「さあ、今日からまた楽しい一週間が始まるぞ！　今週はどんな人と会えるのか楽しみだな！」と思うビジネスパーソンとでは、どちらがより高い成果を残すことができるだろうか？

もちろん、答えは後者だ。なぜならば、前者は義務的で消極的、悲観的であり、後者はクリエイティブで積極的、楽観的だからだ。つまり、エネルギーの質が、両者は全然違うのだ。

大脳生理学の見地から説明をすると、「〇〇しなければならない」というのは、脳が、失敗することへの心配や不安という〝不快〟を感じており、それを避けようとしているということであり、それに対して、「楽しみだな！」というのは、脳が、〝快〟を感じており、積極的に取り組もうとしているということだ。

大脳新皮質の中でも人間だけが発達したといわれる前頭葉が、私たちのクリエイティビティや想像力、意志力、意欲、決断力を生むのだが、この前頭葉を活性化させるには、〝快〟の状態であることが必要条件だ。大脳辺縁系の中にある扁桃核という小さな神経組織が、外部からの刺激を〝快〟か〝不快〟かに分別するのだが、扁桃核が〝快〟と感じた時のみ、前頭葉に伸びている「A10」と呼ばれる神経が刺激され、前頭葉を活性化する仕組みになっているのだ。

つまり私たちは、脳が〝快〟の状態になっている時のみクリエイティブで建設的な思考ができる。アイデアやインスピレーションが浮かぶのもこの状態の時だ。集中力もいちばん高まる。だから、もっとも成果を上げることができるのだ。逆に〝不快〟の状態の時には、自己防衛的で保守的な思考しかできないようになっているので、高い成果を上げることはできないのだ。

私は、今でも、初めてのクライアント企業で研修をする前日などは、プレッシャーや責任感でナイーブな気分になることがある。

「明日の管理職研修、大丈夫かな？　年齢層が高いと聞いているから、堅物で斜にかまえている人が多そうだし……。しかも、初めて作ったプログラム、これが本当に彼らの心に刺さるかな？　もしピンと来なくて、怪訝そうな顔をされたらどうしよう……。せっかく仕事を依頼してくれた人たちの期待を裏切ってしまうことになったら……」などと考え始め、どんどん不安が膨らんでいく。こうなると心理状態としては最悪で、何も良いイメージは湧いてこない。

そういう時、私は自分の中の悪い流れを断ち切り、イメージを一新するために、「どうしたら明日、楽しい研修にできるかな？」という質問を自分に投げかけるようにしている。すると、やがて、受講者の一人ひとりが笑顔でプログラムに取り組んでくれている様子がイメージとして湧いてくるようになる。もちろん、自分も笑顔で、みんなと冗談など交わしながら、和やかに接している。そうなれば、もう9割がた成功したようなものだ。一気に自分の中でリラックスモードに入り、次々とアイデアが浮かぶようになる。

「冒頭のあいさつでは、こんなキーワードを使ってみよう」「あのプログラムの導入のところで、こんな話題を出してみよう」と、パッパッとインスピレーションが浮かぶ。

自分の脳が、〝不快〟から〝快〟に切り替わると、うまくいく考えしか出てこなくなるのだ。実際にこういうモードに切り替わると、研修でも講演でもコンサルティングでもコーチングでも、まずうまくいく。

交渉事をする時でも同じだ。あらかじめ良いイメージを浮かべることができ、〝快〟の状態をつくっておくと、大抵、交渉事もスムーズに運ぶ。

スポーツの世界でも、「絶対に勝たなければ！」と選手たちに力みがあると、普段の力を出し切れない場合がある。本番直前でも笑顔でリラックスしているチームのほうが本来の力を出せているのではないだろうか。

2012年のサッカーヨーロッパ選手権（EURO）を制し、主要国際大会3連覇の偉業を成し遂げたスペインチームは、決勝の直前でも選手一人ひとりは笑顔でリラックスしていた。だから、あれだけクリエイティブで伸び伸びとしたプレーが、決勝という大舞台でもできてしまうのではないかと思う。

また、自分が〝快〟の状態でいると、まわりの人たちにもそのエネルギーは波及するので、人に喜んでもらうこともできるし、明るい場をつくることもできる。人を巻き込むこともできるようになる。人から応援も受けやすくなる。良いことずくめである。

だから、できるだけいつでも〝快〟を感じるようにしておくことだ。

〝快〟の状態でいるには、心が快適に感じられることに、できるだけ意識をフォーカスすることだ。できていないことにフォーカスするのではなく、すでにできていること、大きな仕事を成し遂げてきたことに意識を合わせる。

自分が快適でいられる場所に身を置く。好きな飲みものを飲む。好きな本を読む。身のまわりをキレイに整理しておく。ほんのちょっとした工夫で心を快適にすることはできる。

あなたも、今から、できるだけご機嫌でいよう！

〈習慣⑦〉感謝の気持ちで1日をスタートする

充実した人生を送ろうと思ったら、人間関係が豊かであることが欠かせない要素だ。仕事の充実度も、人間関係の充実度とおおむね比例する。**多少仕事が思った通りにいかなくても、あるいは、自分のやりたい仕事ができなかったとしても、まわりの人間関係に恵まれていたら、辛い状況でも乗り切ることができる。人間関係が良ければ、それだけで人生は楽しく充実したものになる。**

では、どうしたら、私たちは豊かな人間関係を築くことができるようになるのだろう?

私は人間関係を良くするいちばんの鍵は、感謝の心にあると考えている。なぜならば、人は、自分に対して感謝の気持ちを持っている人のことを、絶対に悪く思ったりはしないからだ。感謝の心、「ありがとう」という言葉は無敵だ。「ありがとう」と言っている人には誰もあらがえない。感謝こそが、人間関係の最高の潤滑油なのだ。

私もようやくこの歳になって、ビジネスでかかわるすべての人たちと円満でリスペクトし合える関係を築けるようになってきた。これは本当にありがたいことだと思う。何しろ、仕事をする上で、余計なストレスがないのだから。もちろん、仕事そのものの重圧やハードワークによるストレスなどはたびたび感じることはあるが、仕事そのものとは関係のない人間関係のトラブルやいざこざ、軋轢《あつれき》などは、今はおかげさまでゼロに等しい。本当に誰とでも尊敬し合える良好な関係を築けるようになってきた。

では、以前からそうだったかといえば、そんなことはない。ギスギスとした緊張関係があったり、お互いが遠慮し合ったり、信頼関係が希薄だったりと、決して人間関係がいつもうまくいっていたわけではなかった。

ではどこから変わったかというと、**たまたま人間関係が恵まれるようになったのではなく、こちらの気持ちの中に、まわりの人たちに対する感謝の気持ちを持てるようになったことが大きく関係しているのではないかと考えている**。感謝の気持ちを持つようになってからは、いつも間にか、まわりの人たちも私に対してリスペクトして接してくれるようになった。

私は毎朝、必ず、神棚に向かって、人と場所とモノに感謝をするようにしている。

「今こうして五体満足で、心身共に健康でいられるのも、元気に仕事をできるのも、たくさんのチャンスに恵まれているのも、すべてはここまで命を繋いでいただいたご先祖のみなさまのおかげです。おじいちゃん、おばあちゃんのおかげです。長年心配をかけたけど、ずっと応援をしてくれたお父さん、お母さんのおかげです。そして、今まで支えてくれた○○、本当にありがとう」というように、家族一人ひとりに感謝の気持ちを伝えている。

そして、「仕事を運んできていただく○○さん、○○さん、ありがとうございます。仕事を発注していただくクライアント企業のみなさま、たくさんの知恵を授けていただく○○さん、応援をしてくれているみなさま、時に親身になって相談に乗ってくれる○○さん、本当にありがとうございます。みなさまのおかげで、元気に素晴らしい仕事をさせていただくことができています」と続ける。

さらには場所について。「この日本という地に感謝します。また、今仕事をさせてもらっている東京という地にも感謝します」そして、住んでいる地域とマンションにも感謝をする。

そして、最後はモノ。商売道具のパソコンに感謝、デスク、ベッド、トイレ、お風呂、冷蔵庫にも感謝を捧げる。

このように、日ごろお世話になっている人、場所、モノに対して順番に感謝の気持ちを捧げていくと、それだけでまず何ともいえない穏やかで充実した気持ちになってくる。そして、1日をスッキリとスタートさせることができる。こうやって、日ごろかかわっている人たちに対する感謝の気持ちを心の中で唱えていると、本当にたくさんの人に支えられて今の自分がいるのだなと心から思えるようになる。健康に暮らせていることだけでもありがたいことだと思えてくる。それどころか、素晴らしい仕事の機会や、素晴らしい人たちとのご縁があることに、本当に感謝の気持ちが湧いてくる。今の自分がいるのは、奇跡的なことだと思えてくる。

いつも面と向かってまわりのみんなに感謝の気持ちを伝えられているわけではないが、少なくとも、毎朝、心の中でみんなに対して感謝をすることができると、そんな気持ちは不思議と相手にも伝わっているのではないかと思う。

「他人は自分の心の鏡」だというが、私もまさにそのとおりだと思う。こちらが、相手に対して心から感謝をしていれば、相手もこちらのことをちゃんとリスペクトしてくれる。時には協力もしてくれる。

逆に、人間関係でギスギスしている部分があれば、一度、自分が相手に対して感謝できているか、自問自答をしてみてもいいだろう。どんな相手でも必ず感謝できるところがあるはずだ。むしろ、苦手な相手ほど、自分にたくさんのことを学ばせてくれている感謝すべき存在なのだ。彼らこそ、自分が改善できる機会を与えてくれるもっとも感謝しなければならない相手なのかもしれないのだ。感謝をすれば、そんな人間関係も、劇的に変化するだろう。

〈習慣⑧〉部屋を整理する

ドイツには「整理整頓は人生の半分である」ということわざがある。それくらい整理整頓が大切だという意味だが、私もこれにはまったく同感である。

仕事のできる人は、机の上がキレイに整理されている。必要最低限のものしか置いていない。引き出しの中もキレイに整理されているはずだ。きていることが容易に想像できる。同様に、彼らの部屋もキレイに整理されているはずだ。

ある調査によると、**高収入の人たちになればなるほど、自宅の床面積に占める「床の見える割合」が大きくなるという**。つまり、床にモノを置いたままにしていないということだ。逆に、床に段ボールやら雑誌やら、新聞を置いたままにして、足の踏み場もないような部屋に住んでいる人がいるが、そういう人は大抵収入が少ないというわけだ。そう言われれば、なるほど、と思うかもしれない。

面白い調査をした人がいるものだなと思うけれども、これにはとても納得がいく。**仕事のできる人、高収入を得ている人は、確かに、例外なく、部屋がすっきりしていてキレイだ。**

部屋を整理すると、それだけで心までスッキリする。逆に、心がイライラしていたり、フラストレーションがたまっていたりするときは、部屋も乱れているかもしれない。まるで、部屋は心の映し鏡のようだ。

だから、心がわさわさして落ち着かないときは、まず部屋の掃除、整理整頓から始めるのがいい。一つひとついらないものを捨て、空間ができてくると、心のほうも落ち着きを取り戻せるようになってくる。部屋の整理は、心を整えるもっとも即効性のある方法かもしれない。

いつもイライラしている人は、これまた例外なく、部屋が乱れている。「まずは部屋をキレイにしたら」とアドバイスをしても、それすらなかなかできない。あまりにも乱れ過ぎていると、手をつけ始めるのに相当な覚悟がいるみたいだが、そういう場合は、一度に全部整理しようとしなくてもいい。まずは、テーブルの上だけ片づけようと決めて、少しずつ手を動かすことだ。今日はトイレ掃除だけしよう、でもいい。

少しずつ片づいてくると、不思議なもので、じゃあ、本棚も整理しよう、寝室も……というように、どんどん片づけたくなってくる。そのうち、床やテーブルがピカピカになるまで磨き始めるようになる。整理をすることで、気持ちが晴れやかになる。

そうやって部屋の整理が億劫でなくなり、時には楽しくなってきたら、もうしめたものだ。あなたの人生は、加速度的に変わり始め、運もついてくるだろう。

〈習慣⑨〉その道の達人から素直に学ぶ

伸びる人に共通している特徴は、素直であることだ。素直であることほど尊く美しいものはないかもしれない。

松下幸之助さんが、晩年、一人の新聞記者から「会社経営でもっとも大事なことを一つだけ挙げるとしたら何ですか？」と質問された時、こう答えたという。

「素直になることでしょうな」

経営の神様が、経営でもっとも大事なことは「素直になること」だという。それほど素直であることはすべてにおいて大事だということだ。

心がスポンジのように柔軟で素直であれば、どんなことだって吸収できる。どんどん知識やスキルを身につけて、メキメキと成果を上げていく人は、ほぼ例外なく、その分野に関していちばん詳しい人、いちばん結果を残している達人から学び、教えられたことを忠実に実行している。そこに自分の余計な考えを挟んだりしない。

「守・破・離」という言葉があるが、最初は教えられた通りに忠実に「守る」ことから始まる。最初から我を出していたら、学べるものも学べない。あの独特のバッティングフォームのイチロー選手ですらも、基本がしっかりできているからこそ確立できた独自のフォームなのだという。最初から独自のやり方で練習していたわけではないようだ。

何事も、達人と呼ばれるような人から学べば、自分の頭をひねって考えるのとくらべると、恐らく、数百分の一にも時間を節約することができるだろう。アマチュアのゴルファーで、レッスンプロを一度もつけずにシングルプレーヤーになった人に、いまだに一人も会ったことがない。独自のやり方だけで一流になることはまずできないと思って間違いない。

時には、いくらかの投資が必要かもしれないが、早く成果を上げたければ、その分野のトップクラスの人から学ぶべきだ。

特に、ビジネスにおいて早く結果を出すためには、自分の弱い分野については、コンサルタントを雇うなり、専門ノウハウを教える講座に参加するなりして、一流の人から直接教えを請うことを勧める。突き抜けた結果を出している人は、ほぼ例外なくコンサルタントや師匠をつけている。それがもっとも効率的でリターンの大きな投資だと知っているからだ。自分で一から百まで勉強するのはあまりにも非効率的で、かつ結果も出づらい。

極めたい分野の師匠を見つけて、素直に貪欲に学び取っていこう。

第5章

もっと「突き抜ける人」になるための8つの思考

ここまで、具体的に「内なるパワー」を意識づける方法を公開してきた。最後に、あらためて一歩先の思考法を身につけて、日々の自分をゆるぎないものにしよう！

〈思考①〉1点にエネルギーを集中して突破する

平均的に何でもできる人よりも、バランスは悪いけれども、何か一つ絶対的な強みを持っている人のほうが、突き抜ける力が強い。だから、全方位的に能力アップをしようとするよりも、何か自分の強みに特化して、それを磨き上げるようにしたほうがよい。たとえまだ総合力がなくても、持てる力を小さな1点に集中させると、その分野に関しては突き抜けることができる。虫メガネで光を集めると、紙に穴を開けることができる、あの原理だ。

プロ野球選手にしても、打撃も守備も平均点という選手は、なかなか一軍に定着することができない。毎年選び抜かれたエリート選手ばかりが集まってくるプロ球団の中で、ライバルたちとの熾烈な競争に勝ち残り、しかも、すでに活躍しているレギュラー選手たちを押しのけていこうとすると、何か一つキラリと光るものがなければならない。

今年2000本安打を達成し名球会入りを果たしたヤクルトスワローズの宮本慎也選手は、入団当初、野村克也監督から〝自衛隊〟と揶揄されるくらい守備は傑出していたが、打撃は明らかに非力で期待されていなかった。しかし、それほど価値の高い守備技術を持っていたがゆえに、打撃面は目をつぶり、八番遊撃手というレギュラーポジションを与えられたのだ。そして、試合に出続ける中で、徐々に打撃も磨いていき、シュアなバッティングのできる選手に成長していった。**一つ突出した強みがあったからこそ彼は球界を代表するような一流選手になれたのだ。**

また、個人が発行するメルマガとしては日本最大級、20万人を超える読者数を誇る『平成進化論』というビジネス系のメルマガを発行する鮒谷周史さんは、ある時から、「自分の仕事の中で、自分よりも上手にできる人がいる仕事は、すべてアウトソースするようにした。そうしたら、最後は、『メルマガを書く』という仕事だけが残った」と言う。そこで、メルマガを毎日書くことに専念した結果、20万人を超える読者を獲得するに至り、毎年多額の広告収入を得ることができるようになった。

宮本選手も、鮒谷さんも、一つの強みに特化して突き抜けた典型例だ。
あなたも、何か一つ、小さな分野に特化して、そのスキルを磨き切ろう。この分野に関してなら、誰にも負けないという分野である。

先にも書いたように一つの専門領域に特化して、毎日その勉強を続けたら、7年で世界的な権威になれると言われている。あなたにしかできないことは何だろうか？　それを徹底して探してみれば、突き抜けるきっかけとなるはずだ。

〈思考②〉「内なるパワー」に「戦略」思考が加われば〝鬼に金棒〟

書店に行くと、さまざまな戦略やノウハウを紹介した本で埋まっているし、企業研修やビジネススクールでもたくさんのメニューが用意されている。

代表的なもので言えば、他社との差別化を図り、自社の独自性を打ち出すための「ブランディング戦略」、弱者が強者に勝つための戦い方を説いた「ランチェスター戦略」、顧客の購買心理に基づきセールスのステップを構築させる「アイドマの法則」、効率アップのために努力をする対象を絞る「パレートの法則」、より効果的な人間関係を築くためのコミュニケーションスキルである「NLP」、部下を育成するためのコミュニケーションスキルである「コーチング」などである。

これらは使いこなすことができれば、どれも大変効果のあるものである。突き抜けた結果を出している人は、間違いなく、しっかりとした戦略を持っている。逆にしっかりとした戦略を持っていない人は、行き当たりばったり、出たとこ勝負の手を打つことしかできないので、安定的に高い成果を上げ続けることができない。また、思わぬところで足元をすくわれてしまうこともある。だから、戦略は絶対に持つべきだ。

しかし、内なるパワーがないのに、戦略だけ学んでも、なかなかそれを活かすことができない。

リアルにはあり得ないことだが、あなたが一つの国の将軍だとして、孫氏の兵法など戦に関するあらゆる戦略戦術を学んでいたとしたら、他の国と戦わなければならないとき、それらの知識はさまざまな局面において、大いに役立つはずだ。しかし、それ以上に、敵国に何が何でも勝たなければならない理由があったとしたらどうだろう？　例えば、あなたの愛する妻子や家族が敵国に囚われの身となっていたとしたら……。

このように絶対に勝たなければならない理由があると、どんな手を使ってでも戦に勝つ方法を必死で考えるはずだ。これが内なるパワーの力だ。

絶対に勝たなければならない理由があると、あらゆる戦略戦術をがむしゃらに学ぶだろうし、勝つための秘策が次々と浮かんでくるに違いない。

そのように考えると、**内なるパワーがあると、後から戦略はついてくるのだ。そして、内なるパワーがあった上で戦略を手に入れた時、文字どおり〝鬼に金棒〟状態となる。**

逆に言えば、内なるパワーがない状態、つまり、「何が何でも！」という強い意欲や情熱がない状態で戦略を学んでも、それではあまり身についていない場合が多いので、いざという時に役に立たないことが多い。

〈思考③〉KY思考を身につけて、アクセル全開でいく

私に人材育成の依頼をしていただく企業の多くは有名一流企業なので、仕事でそういった企業に勤めているビジネスパーソンと接する機会が多いが、そんな日本のエリート社員たちと接して、いつも感じることがある。それは、「協調性の高い人が多い」ということである。それは、もちろん彼らの長所でもあるが、同時に短所でもあると私は思っている。大きな組織の一員として働く上で、チームの和を乱さない人であるとか、空気を読める人であるということは大切な要素であり、チームとしてのパフォーマンスを発揮する上では、重要な要因であることは間違いない。

しかし今、多くの企業において、経営陣が真に求めている人材は、「組織になじむ」人間ではない。なぜならば、今、企業は、組織のあり方そのものを抜本的に見直さなければならない時期に来ているからだ。今までの慣習や慣れ合いの文化を変革するリーダー、すなわち異分子

が必要なのだ。組織の閉塞感や沈滞したムードを一変させる強いイノベーターが求められているのだ。

だから、チームメンバーの考えに何でも同調したり、波風を立たせないよう穏便に済ませたりという態度では、本当の意味で組織に貢献することはできないのだ。

時には、堂々と異論を唱えたり、今まで誰もが触れなかったグレーゾーンに真正面から斬り込んでいったりするような、そんな人材が求められているのだ。そんな変革のリーダーがいなければ、既存の組織はこれからの時代、真に強い組織にはなれないのだ。

協調性があって友好的なムードのチームにおいて、他のメンバーとは違う意見を唱えたり、大胆な改革案を提案したりすることは、確かに大きな勇気がいることかもしれない。また、実際に、相当の抵抗を受ける可能性が高い。最悪の場合は、みんなから総スカンを食らう可能性だってある。しかし、それくらい強烈で尖った人材を、実のところ多くの企業の経営陣は求めている。

ある大手企業の社長は、こんなことを言っていた。

「オレのところに直接提案をぶつけてくる若手がいなくて物足りないんだよ。企画自体がどれだけ粗削りでも、たとえピントが外れていても、それはたいした問題じゃないんだ。それくらいの気概のある若手が欲しいんだが……。たまに持ってきたヤツがいたとしても、こっちが『ここの根拠がわからない』などと突き返すと、もうそれで諦めてしまって、来なくなってしまう。自分の中で『絶対に実現したい！』とか、『これが自分の夢なんだ！』という情熱があれば、突き返されても何度でも出直してくるはず。もし、突き返しても3回出直してくるヤツがいたら、オレなら、多少粗さがあっても、そいつには一度やらせてみるね」

多くの企業のトップは、そんな尖った人材を求めているのだ。だから、自分のまわりの人たちと協調するだけが能ではない。**時には、自分の主義主張、信念、考え、アイデアがあれば、それを堂々とぶつけてみよう。中途半端はよくない。ここぞという時には、アクセルを全部踏み切る必要がある。誰もが止められないくらいアクセルを踏み込んでしまえば、突き抜けられる。**突き抜ければ、見ている人は見ているのだ。まわりの多くの「普通の人」たちからは疎《うと》まれても、本当に有能な一部のリーダーは必ず見ているものだ。それで十分じゃないか。

私のようなコンサルタントでも同じことが言える。**一流の仕事をしている人は、アクセルを踏み込んでいる人が多い。**つまり、自分の主張、考え、信念を曲げない。時にはクライアント相手でさえ、相手が間違っていると思えば、真正面からかみつくことすらある。アクセルをすべて踏み込むことで、取引をすべき相手も見えてくるのだ。相手に合わせて、適当に話を合わせているコンサルタントは、敵も少ないが、ファンも少ない。**アクセルを踏み切る人は、好かれるか嫌われるか、どちらかはっきりする。だから、最初の顔合わせの時点で、合うか合わないか、はっきりするのだ。**

何もすべての人に好かれる必要などないし、実際にそんなことはあり得ない。大の大人になって、自分の信念や主義主張、個性、独特の仕事のスタイルを前面に出せば、最初から好き嫌いがはっきりするものだ。しかし、それでいいのだ。

私の場合は「悩めるビジネスパーソンの内なるパワーを解き放つ」などというキャッチコピーを掲げているので、やはり、仕事を依頼していただけるのは、情熱的で人間味にあふれる経営者や管理職の方が多い。特徴的なのは、仕事もできるが、同時に心優しい方が多いことだ。

逆に、エリート意識バリバリで、プライドが高くクールなインテリの方はあまりいない。そういう方は、ＭＢＡの有資格者に仕事を依頼するのだろう（笑）。

自分の軸をしっかり持ったら、まわりの人がビックリするくらい踏み込んでみることをお勧めする。**もう空気を読むことばかりに神経を使っている場合じゃない。**中途半端に少しだけ出てしまうから、「出る杭は打たれる」式につぶされてしまうが、アクセル全開で突き抜けてしまえば、誰も何も言えなくなり、特別な存在になれる。そこから別次元の世界が広がるのだ。

〈思考④〉ハングリーであれ!

ハングリーな人間は、突き抜ける力を持っている。今の日本の30代にはハングリーな人間が少ないので、人よりハングリーな人間は、それだけで頭一つ抜け出ることができる。

ハングリーとは、「願望」に「悔しさ」がブレンドされた感情だ。

突き抜ける力を持っている人の多くは、「オレもいつかは絶対にあいつを超えてやる!」「必ず上場企業をつくってやる!」「私も年収3000万稼ぐ!」といったメラメラと燃えるような感情を持っている。欲望とか野望と呼んだほうがふさわしいかもしれない。

そんなハングリーな人は、嗅覚が鋭敏で研ぎ澄まされているので、自分に必要な情報やチャンスの臭いがしたら、それをいち早くキャッチすることができる。

社内で新規プロジェクトのメンバーが公募され、それが自己アピールの場だと思ったら、チャンスを逃したりはしない。自分よりも能力も実績もある人が「この仕事、僕は予定が合わなくてできないから、誰かにお願いしたいんだけど、誰かやれそうな人いないかな?」などと話していたのを聞いたら、すかさず「私にやらせてください！」と躊躇せずに手を挙げる。

そうやって、彼らはチャンスを逃さず、つかんでいく。先輩や上司も「こいつなかなかやる気があるな。じゃあ、ちょっと大きな仕事も任せてやろうかな……」という気持ちになるので、またさらに大きなチャンスがやってくる。そして、そのチャンスにも必死で食らいつくので、さらに先輩や上司の信頼を勝ち取ることができるようになる。ハングリーな人間は、こうやって自分より能力のある人によって、引き上げてもらうことができるのだ。


では、一体、どうしたら私たちは、モノ余りの時代に、そんなハングリー精神を持つことができるようになるのだろうか？

私はこのハングリーさも、つき合う人によって膨らませ得ると考えている。自分と同じような人種としかつき合わなければ、ハングリー精神は湧いてこない。現状で満足してしまう。

しかし、自分とは比較にならないくらいの成功をつかんでいる人や、仕事で自己実現を果たしキラキラ輝いている人、とてつもなく大きな野望を抱き、そのプロジェクトの実現のために東奔西走している人などと接するようになると、自分とのギャップを嫌でも感じるようになる。すると、「オレもこんなふうになれたらいいな……」という新たな願望、思考が湧いてくる。これがハングリーさを生む源泉となるのだ。

〈思考⑤〉結果が見えない時も自分を信じて進み続ける

新たにビジョンを描き、目標を設定し、それに向かって動き始めたけれども、一向に目に見える結果が出てこないことがある。それどころか、逆にたびたびトラブルに見舞われてしまうことすらある。

そんな時には、すぐに諦めず、とにかく自分を信じて進み続けてみることが大事だ。なぜならば、何事も、ある程度目に見える結果が出るまでにはタイムラグがあるからだ。例えば、何かのプロを目指して努力をしたとしても、すぐに仕事を受注できるとは限らない。ごく当たり前のことだが、ある一定のレベル以上の実力を持ったプロにしか、お客様は仕事を依頼したりはしないからだ。

わかりやすく言うと、プロとしての合格点が80点だとすると、80点を超えた瞬間から、仕事を受注できる可能性が出てくるが、79点以下なら、よほど運が良くない限り、仕事は一本も入ってこない。だから、収入はゼロだ。また、仮に運良く一本入ってきたとしても、まずリピートにはならない。

しかし、80点を取れるくらいの実力を身につけるまでに、相応の時間はかかる。そこで結果が出ないからといって諦めてしまう人が多過ぎる。もうひと踏ん張りの努力で80点を超えることができるのにもったいないと思うことが多い。

そこでやり抜いて、80点を超えるようになると、遂に「プロ」と言われるようになり、収入も入ってくるようになる。さらに、90点を超えると業界でも「一流」と呼ばれるようになり、収入は格段に上がる。さらに進んで95点以上を取れるようになると、「超一流」とか「カリスマ」と言われ始め、収入はまたさらに高くなる。

まずは、このように結果が出るまでにタイムラグがあるということを知っておこう。

もう一つは、**何か新しいビジョンや夢を掲げ、それを叶えようと心の中で宣言すると、最初にやってくるのは、成果ではなく試練である場合がある。**ここで多くの人は早々にくじけてしまうのだが、ここが突き抜けられるか突き抜けられないかの分かれ目でもある。実は、そういう試練は、ビジョンを掲げたからこそやってくるとも言えるのだ。

どういうことかと言うと、高いビジョンを目指すとしたら、それを手に入れる前に、それにふさわしい人物になっていなければならないからだ。

例えば、「超一流のコンサルタントになる」というようなビジョンを設定したとしたら、超一流としての知識やスキル、経験、人格などを備えていなければならない。それだけの蓄積があってはじめて、超一流になれるのであって、知識もスキルも経験も人格も二流のままで、超一流のコンサルタントのような仕事や収入を得られるわけでは絶対にない。ごく当たり前のことである。だから、超一流になるために、いろんな形で試練が与えられるのだ。まるで神様が「この試練をクリアすれば、お前の目指しているような人間になれるのじゃよ」と微笑んでいるかのようだ。

ビジョンが大きければ大きいほど、目標が高ければ高いほど、それを手に入れるには、それだけ器の大きな人間になる必要があり、器の大きな人間になるには、それなりの経験はどうしても必要なのである。

〈思考⑥〉「何のためにやるのか？」を自分に問い続ける

世界ナンバーワン・コーチと言われているアンソニー・ロビンズは、「人はそれをやる十分な理由さえあれば、どんなことでもやれる」と言っている。アンソニーはそんな理由のことを「ＢＩＧ ＷＨＹ」と表現している。

第4章でも紹介したラフティング日本代表チームの浅野重人監督も、「世界一になる」という大きなビジョンを掲げると同時に、「なぜ自分たちが世界一を達成しなければならないのか？」を徹底的にすべてのメンバーに問い続けたという。

「お前は何のために世界一を目指すんだ？」

監督にそう聞かれたメンバーは、最初のうちは、「え？　監督がそうおっしゃったからですけど……」としか答えられなかったそうだが、それでも浅野氏は何度も問い続けた。

「お前は何のために世界一を目指すんだ？」

するとと、徐々に、メンバーの一人ひとりが、自分たちが何のために世界一を目指しているのか、その本当の理由を考えるようになっていったという。その答えは人それぞれだったが、最終的には、すべてのメンバーの魂からの声を引き出すことができたという。

浅野氏は言う。

「一人ひとりの本当の声、魂の声が聞こえるようになり、なぜそのビジョンを達成しなければならないか、その理由が明確になったら、もうそのビジョンは１００パーセント実現できるんですよ」

ものすごい確信である。しかし、そう言い切れるほど、「それをやらなければならない意味」がわかった時には、人はとてつもないパワーを発揮するのである。

ちなみに、浅野氏自身の「世界一を目指す理由」は、「日本人が日本人であることに誇りを持ってもらうため」というものだった。体力で圧倒的に劣っている日本チームが、屈強な選手をそろえた欧米のチームに勝つためには、日本チームの持ち味であるチームワークを最大限に発揮することで、体力のハンディをカバーするしかなかったのだ。

実際に、日本チームは、メンバー全員が一つの身体のように無駄のない動きでボートを自在に操ることで、見事世界一の座を勝ち取った。そのことによって、日本人のチームワーク力は世界一だということを、彼は身をもって証明してみせたのだった。

さあ、あなたは、何のためにあなたのビジョンを実現しなければならないのだろうか？　その本当の理由は？

〈思考⑦〉「なぜできないか？」ではなく「どうしたらできるか？」

なかなか思うように成果の出せない人と、突き抜けた成果を出せる人の違いの一つは、日ごろから自分自身に対して問いかけている質問の質にもある。

成果を上げられない人の多くは、自分自身に対して、無意識に「なぜ自分は成果を上げられないのだろうか？」とか、「どうしてオレは冴えない人間なのだろうか？」と問いかける癖がある。それに対して、突き抜けた成果を上げられる人は、自分自身に対して、「どうしたらさらに高い成果を上げることができるだろうか？」とか、「どうしたらオレはもっとイケてるビジネスマンになれるだろうか？」と問いかける習慣を持っている。

あなたには、この違いがわかるだろうか？

前者は「できない理由」を見つける質問、後者は「できる方法」を見つける質問だ。ひょっとしたら、ほんのちょっとした違いに見えるかもしれないが、実は、この違いが、勝者と敗者を分けるくらい大きな違いをもたらす。

もしも、あなたが、今まで何気なく、前者のように自問自答していたとしたら、たった今から、その質問を後者のように変えるべきだ。

質問を変えるだけで、人生は驚くほど大きく変わり始める。私はそんなクライアントさんをたくさん見てきている。

前述のワースト20位から全店舗中ベスト5という優良店にまで這い上がった店長さんは、次のように報告してくれた。

「以前はいつも自分自身に対して『どうしてうちのお店は業績が上がらないんだろう？』とか『どうしてうちのスタッフさんはもっとやる気になってくれないんだろう？』と問いかけていました。でも千代鶴さんに教えていただいてから『どうしたら今よりも業績を上げることができるだろうか？』、『どうしたらスタッフさんにもっとイキイキと働いてもらえるだろうか？』と自問自答するようになりました。この変化が自分でも大きかったと思います」

では、なぜ、たった一つ質問の質を変えるだけで、それほど人生が変わってしまうのか？

これは、私たちの脳が、極端に矛盾を嫌う性質を持っているということを知れば、理解できるようになる。私たちが、「なぜできないのか？」と自分に問いかけると、脳は、全力で「できない理由」を探し始める。

だから、例えば、「オレはなぜボチボチの成績しか上げられないのか？」と自分に問いかけると、「学生のころから、何をやってもボチボチの成績しか上げられなかったからだろ」とか、「自分に自信がないからだな」とか、「お客さんにいざという時にはっきりと言い切れない弱さがあるからだな」というように、「できない理由」だけが次々と出てきてしまうのだ。できない理由しか浮かばないから、いくらそんな理由を並べたところで、できるようになるわけがないのだ。

一方で、「どうしたらできるようになるか？」と自分に問いかけると、脳は全力で「できる方法」をあれこれと探し始める。「いちばん成績の良い人のマネをしてみよう」「クロージングの技術を磨こう」「お客さんとの商談が成立したところをイメージトレーニングしてみよう！」「マーケティングの勉強をもっとしてみよう」「お客さんに響くキャッチコピーを考えてみよう」……というように、次々とアイデアが出てくるのだ。だから、良い方向に行くことは間違いないのだ。

自分にどちらの質問を投げかけるかで、その後の結果が、180度変わってしまうことを理解できたことだろう。

あなたは、どちらの質問を、何気なく自分に投げかけているだろうか？　もし「できない理由」を引き出す質問をしていたとしたら、たった今から「できる方法」を導き出す質問に切り替えよう。必ず、そこから人生は変わり始める。

図15「なぜできないか？」ではなく「どうしたらできるか？」と問う

「なぜ……できないか？」と自分に質問すると
「できない理由」しか出てこない。
それよりも、「どうしたら……できるか？」と
今後できるようになる方法を見いだすような
質問をするように心がけよう。
自分への質問を変えるだけで、人生の質は劇的に変わる。

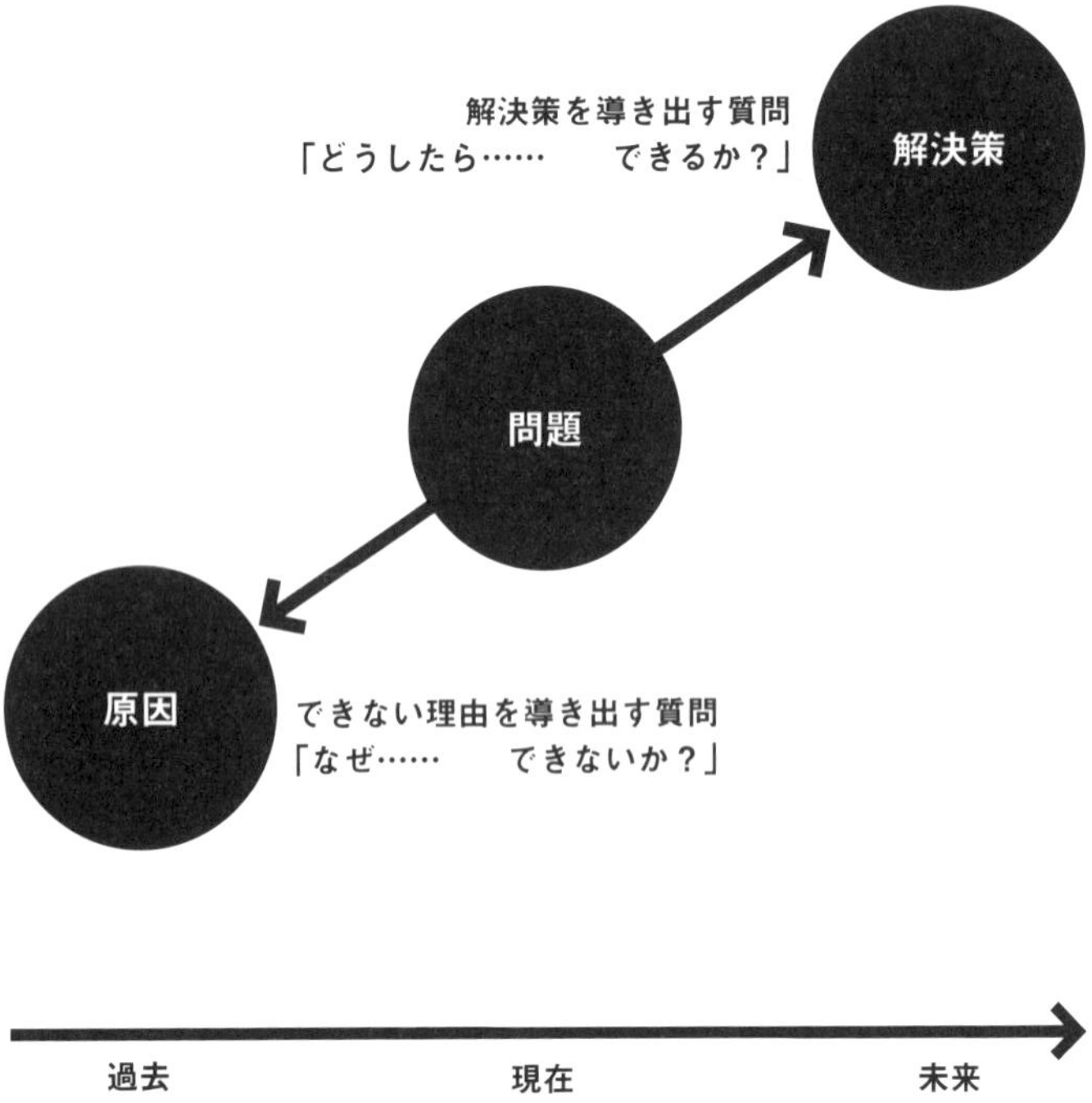

〈思考⑧〉失敗と思わなければ失敗なんてない！

新しく始めた仕事で結果を出せずに苦しんでいる人、仕事で大きなミスをしてしまって落ち込んでいる人、事業に失敗して借金を背負ってしまった人、コレといった成功体験もなく、鳴かず飛ばずの自分に不甲斐なさを感じている人……。この本を読んでいる読者の中には、このような思いを持っている人も大勢いることだろう。そんな不振にあえいでいる時こそ、こんなふうに考えたい。

「失敗と思わなければ、失敗なんてない！」

前にも書いたが、夢やビジョンが大きければ大きいほど、大きな試練がやってくる可能性がある。試練に直面している真っただ中においては、まるで出口のないトンネルの中を歩いているかのようで、希望すら持てなくなることがある。自分は失敗者だと思えてしまう。世間から見放されたのではないかとすら思ってしまうこともある。しかし、そういう時こそ、考え方を切り替えて、「失敗と思わなければ、失敗なんてない！」と信じることだ。

私の前半生は、それこそ失敗続きの泥臭い人生だった。30代前半に、夜のアルバイトでかろうじて食いつないでいた時は、まるで未来が見えなかった。人生の落後者になってしまったのだろうかと思ったこともあった。本当に苦しい時代だった。

それでも今になって、その時の体験すらも、実は失敗ではなかったのではないかと思えるようになった。すべてが今になって生きてきている。今では、講演やセミナーの貴重なネタにすらなっている。ひょっとすると、みんながいちばん興味を持って聞いてくれる「キラーコンテンツ」かもしれないと思うほどだ。その体験をしたからこそ、「どんな状態からでも人は変われるし、やり直しが利くんだよ」と、堂々と言い切れる武器になっている。そう考えれば、どん底の経験すらも、最高の財産となっているのだ。

人にうまく利用されたことも何度もあった。思いもよらない大どんでん返しを食らったこともある。そのために、精神的にも経済的にも大きなダメージを受けたこともあった。しかし、今となっては、それらもすべて貴重な経験という財産となっている。苦い経験を何度かしたおかげで、ビジネスに潜んでいるリスクに直感的に気づくようになった。この嗅覚は、コンサルタントとしてクライアントにアドバイスをする際に生かされている。

実際にビジネスの現場では、事業そのものがうまく軌道に乗ったとしても、思わぬところで足元をすくわれるケースがよくある。中でも多いのは、経営メンバーの裏切りや、そこまで行かなくても、途中で他の経営メンバーとの方向性が微妙にずれてくることによる内部分裂などである。また、取引先の倒産や不利な契約条件等も大きなリスクとなる。そのようなリスクを事前に察知して対策を考えておくことは、ビジネスを展開する上では、極めて大事なことなのだ。そんなことに気づけるようになったのも、たくさんの失敗をしてきたからこそである。

そのように考えると、私たちが体験するすべての出来事は、その後に活かすために、神様が絶妙のタイミングで与えてくれているのではないかと思うほどだ。こればかりは、自分で計画することなどできない。だから、大切なことは、いかなる体験も、必ず将来生きてくると信じることだ。これから紹介するのは、ロバート・H・シュラー博士の言葉だ。

あなたの失敗は、あなたが失敗者であるということではなく、まだ成功していないということです。

あなたの失敗は、あなたが何も達成しなかったということではなく、何かを学んだということです。

あなたの失敗は、あなたが愚かな人だったということではなく、大きな目標を持っていたということです。

あなたの失敗は、あなたが恥をかいたということではなく、積極性を持っていたということです。

あなたの失敗は、あなたが無謀だったということではなく、もっと違う方法でしなければならなかったということです。

あなたの失敗は、あなたに能力がないということではなく、完全でなかったということです。

あなたの失敗は、あなたが人生を浪費したということではなく、再び出発するチャンスがあるということです。

あなたの失敗は、あなたが諦めるべきということではなく、一生懸命に努力すべきだということです。

あなたの失敗は、あなたが完成できないということではなく、それはもう少し時間がかかるということです。

あなたの失敗は、あなたを神が見捨てたということではなく、神はもっと良い考えを持っているということです。


未来を肯定すれば、すべてのことは必然のプロセスだと捉えることができるのだ。

番外編　完全に「突き抜けたヤツ」と呼ばれるために

夢を次々と引き寄せる〝魔法のツール〟を使う

この本も最後に近づいてきた。ここまで読んでいただいたあなたには、すでに十分「内なるパワー」を解き放ち、この厳しい世の中でも自信を持って戦える「突き抜ける力」を感じ、手にすることができたはずだ。しかし、ここまで読んでいただいたあなたに、最後に強力なツールをご紹介し、筆をおくこととしよう。

「意識をフォーカスしたものが拡大・発展する」という法則の話をしたが、この法則を最大限に利用したツールがある。「ビジョン実現へのロードマップ」というツールだ。これは、私自身が、長い時間をかけ、何度も修正を加えながら開発してきたもので、文字どおりビジョンという目的地までの道筋を表した道路地図の役割を担ってくれるものである。

しかし、「道路地図」というよりも「はしご」に例えて説明したほうが、あなたはイメージがしやすいかもしれない。

あなたが手を伸ばせば届く高さの棚に置いてあるお宝なら、あなたはそれを取るのに何の苦労もいらないが、そのお宝が、あなたの身長をはるかに超える高い所に置いてあったとしたら、いくら背伸びをしても、ジャンプをしても、あなたは永遠にそれをつかむことはできない。しかし、その高さと同じだけのはしごを準備すれば、あなたははしごを登って、そのお宝をゲットすることができる。

「ビジョン実現へのロードマップ」は、まさにこのはしごの役割を果たしてくれる。どれだけはしごが長くても、しっかり固定さえしておけば、そのはしごを一歩ずつ登って行けば、必ずいつかはお宝の置いてある所までたどり着ける。

ここまで説明すれば、何となく想像できたと思うが、要するに「ビジョン実現へのロードマップ」とは、ビジョンを達成するために必要な要素をすべて洗い出し、それらをさらに細分化し、それぞれのプロセスを明確にした、いわば、建設工程表のようなものなのだ。

この「ロードマップ」のすごいところは、これを使い始めると、どんどん奇跡的なことが起きてくるということだ。これはまさに夢を引き寄せる魔法のツールなのである。

私はビジョンや目標を新たに設定するたびに、このツールを作ってきたが、今から半年前にもまた新しいものを作り上げた。

そして、その後の半年間で達成できたものを数えたら、その数は20個以上にも上った。そして、特筆すべきは、そのうちの大半が、これを作った時点ではイメージすらできていなかったものであり、こちらが意図して実現したというよりも、向こうから奇跡的にやってきたものだということだ。

例えば、私は自分のキャッチコピーを作りたいと思い、これを一つの項目としていたが、それはある時、突然出来上がってしまった。私が取り引きしている研修会社の営業マンと一緒に、あるクライアント企業に打ち合わせに行った帰り、その営業マンがこう切り出したのだ。

「千代鶴さん、今日この後少し時間ありませんか？　今日は僕、千代鶴さんのキャッチコピーを作ろうと思っていたんですよ。ちょっと食事でもしながら、ディスカッションできませんか？」

なんと私が課題としていたことを、取引先の営業マンのほうから投げかけてくれたのだ。キャッチコピーは、その日のうちに出来上ってしまったのだ。それが「悩めるビジネスパーソンの〝内なるパワー〟を解き放つ」というものだった。彼と楽しくお酒を飲みながら、あれこれ話しているうちに、彼の頭の中に、突然このコピーが浮かび上がってきたのだ。この本のキーワード〝内なるパワー〟はこうして生まれた。

さらには、この研修会社が私のプログラムの販促に力を入れてくれるようになり、年に2回開催される人事向けの大型イベントでの講演までセッティングしてくれたのである。これも私は考えてもいなかったことだった。さらにもう一つ、やはり彼の計らいによって、ある権威ある業界紙に記事を書かせていただくことにもなった。これもこちらから働きかけたことではなかったが、私たちのようなコンサルタントにとっては、喉から手が出るようなチャンスが、天から降ってきたようなものだ。

他にも、「研修やセミナーを作るプログラム構築の理論を身につける」という項目を作っていたところ、ちょうどピッタリの教材の存在をインターネットで発見し、それを入手することで、望んだ理論を修得することができた。そこまでは意図した通りだが、そこから大きなおまけがついてきた。その教材を作ったコンサルタントとその後会うことができ、なんとその場で、あるメディアを紹介していただいたのだ。これが「ＩＴ ｍｅｄｉａ」というインターネット上の大きなサイトで、そこで早速連載を持たせてもらうことになったのだ。私もいくつかのメディアに連載を持ちたいとは思っていたので、これもありがたいことだった。

さらにまだおまけがつく。その連載を読んだ出版社の編集者から、本の執筆の依頼をいただいたのだ。それがこの本である。

これらはどれも、まったく予想できない動きばかりだ。しかし、「ロードマップ」を作り始めると、そんな予想外の連鎖が波のように起きてくるのだ。

ではここからは、夢を奇跡的に引き寄せる魔法のツール、「ビジョン実現へのロードマップ」の作り方を、あなたにもお教えしよう。

このツールは、あなたのビジョンに向けて、毎日PDCAサイクルを回し続けていくことによって、着実にビジョンを実現させていくための強力なツールだ。日々これを使うことによって、あなたは、「毎日着実に夢に向かって進んでいる」という確かな実感を得ることができるだけでなく、いま書いたように、驚くべき奇跡やシンクロニシティをも引き寄せられるようになり、どんどん毎日がエキサイティングになっていくのを体験できるだろう。

実際にこのツールを完成させるには、少々時間を要するので、まずは、作り方の要領だけ理解して、あとは、時間に余裕のある時にじっくり作るようにしよう。また、一気に完璧なものを作ろうとする必要もない。時間をかけて、徐々に完成させればいいのだ。しかし、これを作り始めれば、あなたはすぐに気づくはずだが、これを作る作業そのものが、ビジョンを達成す

るための あらゆる要素を深く考える機会となるので、このプロセスこそが、実は、極めて意義のある作業だということを、あなたは理解するだろう。

システム手帳を使って作ってもいいが、圧倒的なお勧めは、エクセルを使うことだ。

（なお、「ビジョン実現へのロードマップ」のフォーマットは、こちらのホームページから入手することができます。http://www.nana-cc.com/nanabooks/zip/imasta.zip）

「ビジョン実現へのロードマップ」の作り方

1. 今のあなたにとってもっとも大切な「ビジョン」と、それを「達成したい予定の年月」を決定する。

2. ここからがもっとも重要なポイントだが、「そのビジョンを達成するために必要な項目」をすべてリストアップし、20項目から40項目程度にまとめ、さらにそれらをいくつかのグループに分類する。「ビジョン実現へのロードマップ（項目）」（図16）を参考にしてほしい。これは実際に私が使っているものだが、私の場合は、大項目として「理念・ビジョン」「マーケティング力」「商品開発力」の3つを挙げ、そのそれぞれを2つないし3つの中項目に分類し、さらに最終的には40個の小項目に細分化している。この一つひとつに具体性がないと、実際の行動に結びつきづらいので、できるだけ具体的なレベルに落とし込むことがとても重要だ。企業に勤めているビジネスパーソンにとっては、仕事の領域がある程度絞られるので、これほど多くの項目は不要だが、経営者や独立自営業者にとっては、マーケティングも商品開発も必須なので、これくらいの項目を洗い出す必要があるだろう。

3. 次に、「評価基準」を作る。「ビジョン実現へのロードマップ（評価基準）」（図17）を参考に、それぞれの項目ごとに、どのような状態になっていたら、そのビジョンを実現できるかを考え、それを記入する。それぞれの項目ごとの目標設定を立てることになる。

4. その状態が10点満点だとすると、現状が何点程度の状態と言えるかを自己評価し、そこに現時点の日付を入れる

5. 現状ポイントが決まれば、9点はどんな状態か、8点は、7点は……という具合に、すべての空欄を埋めていく。ここがいちばん骨の折れる作業ではあるが、この作業をすることで、目標までのプロセスが明確になってくるので、時間をかけてでも作っていこう。また、どうしてもすぐに埋まらない場合は、空欄のままでもかまわない。埋められるところから埋めていこう。後になってわかるが、空欄のままにしていても、常に私たちの潜在意識、つまり脳のナビゲーションシステムは働いているので、いつか必ず、その空欄を埋めるものが何かを捜し出してくれるものだ。これがこのツールの面白いところでもある。

6. ここまでできたら、あとはすべての合計点数を毎週記録していこう。できれば「ビジョン実現へのロードマップ（項目別グラフ）」（図18）や、「ビジョン実現へのロードマップ（推移グラフ）」（図19）のように、一目で数値が大きくなっていることのわかるグラフを一緒に作るとベストだ。

7. さらにこれに基づいて、「工程表」まで作成できればパーフェクトだ（「ビジョン実現へのロードマップ（工程表）」（図20）参照）。優先順位をつけて、どの項目から実践していくか計画を立てるようにすれば、あとは、毎日実践あるのみだ。

8. このツールを使うコツは、自分の好きなように色やデザインを駆使するなどして思い切り楽しむことだ。そして、もう一つは、合計ポイントをできれば一〇〇〇点満点に換算すること。なぜならば、数値が大きいほど、毎週の成長をより大きく実感できるからだ。これは数字のからくりでしかないが、1週間で100分の1ポイントアップするより、1週間で1000分の10ポイントアップしたほうが、前進している感じを味わえるのだ。そんな細かなところにも気を使おう。

「骨の折れる作業だなあ」と思われた方も多いと思うが、これは、**あなたのビジョンの実現を100パーセント後押ししてくれる、超強力な魔法のツールだ**。また、あなたがたまに道からそれたり、道草をしたりしても、ちゃんと正しい道に誘導してくれるナビの働きをしてくれるので、ぜひ、少しまとまった時間のある時に、作ってみよう。

必ず、絶対に手放せないくらい重宝するはずだ。

	現状P	目標

図版ダウンロードURL:http://www.nana-cc.com/nanabooks/zip/imasta.zip

図16「ビジョン実現へのロードマップ（項目）」

目的	第1水準	第2水準		第3水準
2014年に意識変革に関する日本一の講師になり、年収1億円を達成する	理念・ビジョン	存在意義	1	顧客は誰か?
			2	どのような問題や願望に対応するか?
			3	いかなるメッセージを伝え共感を創造するか?
			4	ミッションの言語化（社会へのインパクト）
		提供する価値	5	バリューベースの価格設定
			6	いかにして顧客に期待を抱いてもらうか?
			7	いかにして顧客に満足してもらうか?
			8	いかにして顧客に確信してもらうか?
		目指す姿	9	ビジョン
			10	ビジュアライゼーション
	マーケティング力	セールス	11	セミナー会社の把握
			12	セミナー会社への営業戦略
			13	講師派遣会社への登録
			14	紹介営業
			15	ブログ&メルマガ
			16	企画担当者との WIN-WIN の関係
			17	集客協力
			18	ホームページ
			19	コンセプトブック（小冊子）
		ブランディング	20	ポジショニング
			21	肩書き
			22	キャッチコピー
			23	USP
			24	プロフィール&写真
			25	オンリーワンテーマ
	商品開発力	専門知識	26	人材教育全般
			27	意識変革（専門分野）
		スキル	28	講義力
			29	場作り力
			30	人間力
			31	健康管理
			32	講師業を楽しむ
			33	カリスマ性
			34	アピアランス
		プログラム開発	35	セミナー企画力
			36	パンフレット
			37	ADDIE モデル
			38	プログラム構築力
			39	真実の瞬間
			40	検証と改善

400	
目標	目標
10	広義でサービスを提供する対象は誰かを定義づける
9	「サービスを提供する対象」の表現をさらに練り直す
8	「サービスを提供する対象」を見た人がすぐに紹介したくなるような表現に変える
7	自分の強みを最大限評価してくれる理想の顧客を「サービスを提供する対象」に据える
6	「サービスを提供する対象」を明文化する
5	リストアップしたものをもとに、提供したい企業の要素を整理する
4	サービスを提供したい企業をイメージしてリストアップする
3	2011/11/19
2	
1	
10	提供するソリューションの領域を、マトリクスを使って明示する
9	1つのマトリクスですべてを説明できるようにシンプルに整理する
8	それぞれのキーワードに対してのソリューションをまとめる
7	分類した顧客ごとの問題と願望を1つのキーワードにまとめる
6	分類した顧客のタイプを、マトリクス上で表現する
5	顧客のタイプにラベリングをする
4	抱えている問題や願望の側面から、顧客のタイプを分類する
3	LC の「顧客」の定義づけができたら、顧客の抱えている問題や願望をリストアップする
2	2011/11/19
1	
10	顧客のニーズとウォンツを30秒以内に説明でき、大きな共感を得ることができる
9	顧客となりうる人たちにさらに10人以上話してみて、ブラッシュアップする
8	経営者や人事担当者など、実際に顧客となりうる人たちに5人以上話してみて、反応を確認する
7	再度、人に話してみて、さらに言葉と話し方に磨きをかける
6	表現を練り直す
5	10人以上に話し、どんな表現に響くかを調べる
4	上記のマトリクスをもとに、対象となる顧客のニーズとウォンツを人に話してみる
3	2011/11/19
2	
1	
10	目にした人の多くが強く共感し、そのフレーズを覚えてくれる
9	さらに、目にした人の多くが強く共感するような表現と語呂のよさに仕上げる
8	フィードバックをもとに、さらに言葉をブラッシュアップする
7	明文化したミッションを10人以上に見てもらい、感想を聞く
6	ディスカッションをもとに、ミッションを一度明文化してみる
5	ミッションとしてふさわしいと考えられるキーワードを10個以上リストアップする
4	2011/11/19
3	
2	
1	

図版ダウンロードURL:http://www.nana-cc.com/nanabooks/zip/imasta.zip

図17 「ビジョン実現へのロードマップ（評価基準)」

438		ポイント合計	175	
第2水準		第3水準	現状P	
存在意義	1	顧客は誰か?	7	
	2	どのような問題や願望に対応するか?	10	
	3	いかなるメッセージを伝え共感を創造するか?	6	
	4	ミッションの言語化（社会へのインパクト)	5	

図18「ビジョン実現へのロードマップ（項目別グラフ）」

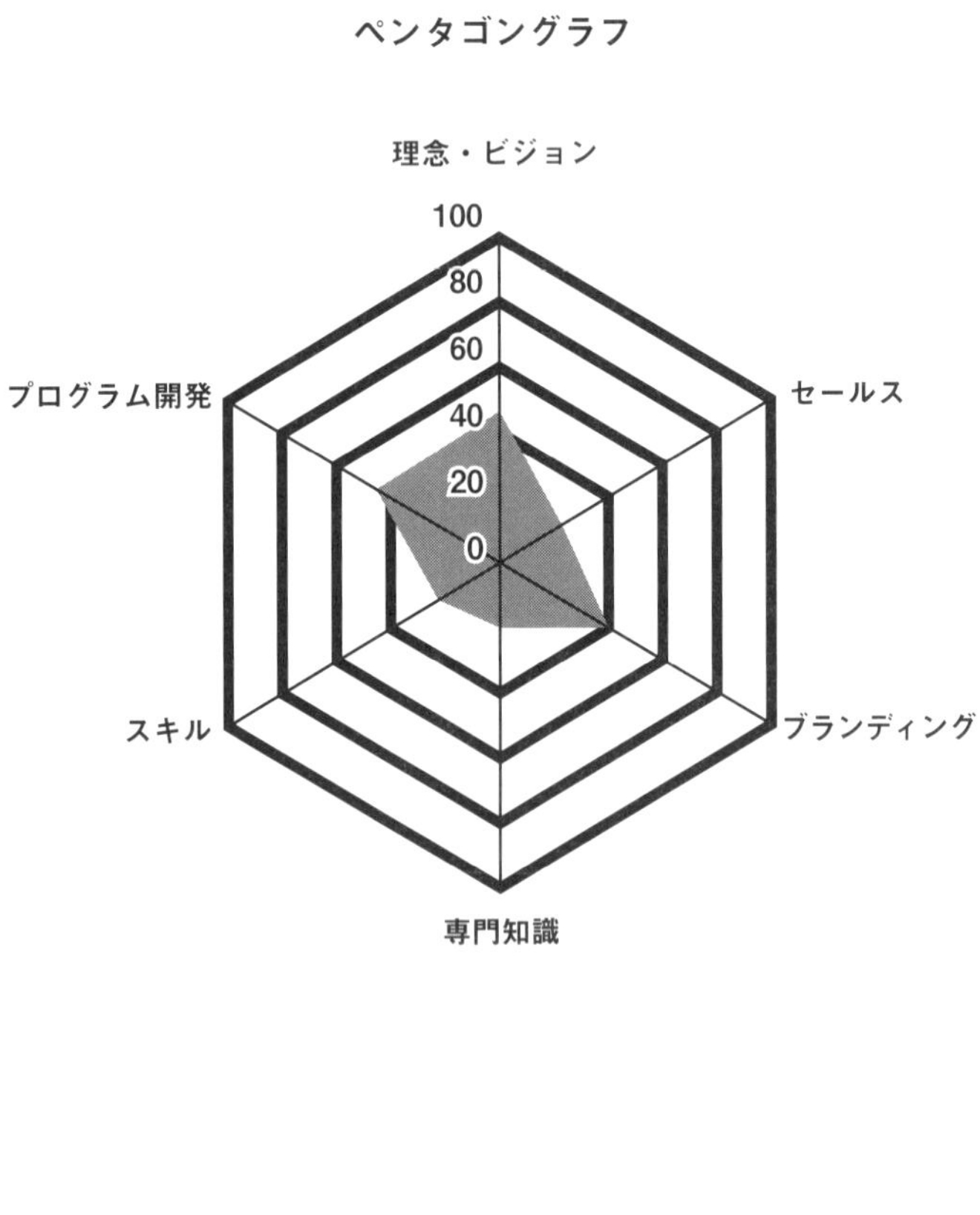

図版ダウンロードURL:http://www.nana-cc.com/nanabooks/zip/imasta.zip

図19 「ビジョン実現へのロードマップ（推移グラフ）」

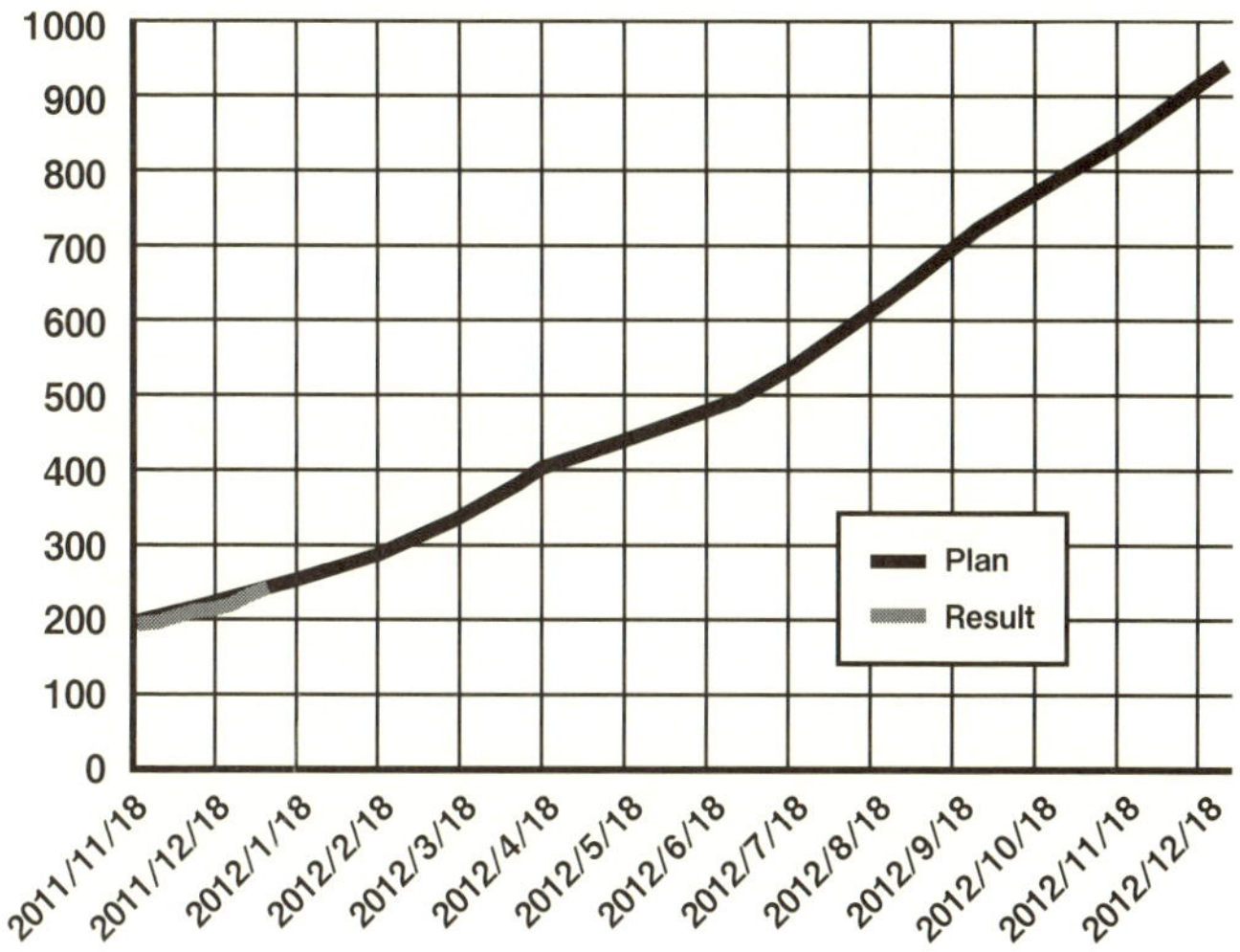

図版ダウンロードURL:http://www.nana-cc.com/nanabooks/zip/imasta.zip

	2012/1/27	2012/2/3	2012/2/10	2012/2/17
	6	7	7	7
	10	10	10	10
	6	6	6	6
	5	5	5	5
	4	4	4	4
	6	6	6	6
	3	3	3	3
	2	2	2	2
	8	8	8	8
	4	4	4	4
	4	4	7	4
	3	3	5	4
	1	2	3	6
	2	2	2	4
	4	4	4	4
	6	6	6	6
	1	1	1	1
	5	5	5	5
	8	8	8	8
	4	4	4	6
	1	1	1	5
	9	9	9	9
	2	2	2	2
	9	9	9	9
	2	2	4	2
	1	1	1	1
	3	3	3	3
	2	2	3	2
	5	4	4	5
	2	3	3	2
	4	4	4	4
	4	4	4	4
	1	1	1	1
	2	2	2	2
	1	1	1	1
	1	1	1	1
	1	1	1	1
	8	8	8	8
	10	10	10	10
	7	7	7	7
	167	169	178	182
	438	418	423	445
	521	531	542	552

図版ダウンロードURL:http://www.nana-cc.com/nanabooks/zip/imasta.zip

図20 「ビジョン実現へのロードマップ（工程表）」

目的	第1水準	第2水準		第3水準
2014年に意識変革に関する日本一の講師になり、年収1億円を達成する	理念・ビジョン	存在意義	1	顧客は誰か?
			2	どのような問題や願望に対応するか?
			3	いかなるメッセージを伝え共感を創造するか?
			4	ミッションの言語化（社会へのインパクト）
		提供する価値	5	バリューベースの価格設定
			6	いかにして顧客に期待を抱いてもらうか?
			7	いかにして顧客に満足してもらうか?
			8	いかにして顧客に確信してもらうか?
		目指す姿	9	ビジョン
			10	ビジュアライゼーション
	マーケティング力	セールス	11	セミナー会社の把握
			12	セミナー会社への営業戦略
			13	講師派遣会社への登録
			14	紹介営業
			15	ブログ&メルマガ
			16	企画担当者との WIN-WIN の関係
			17	集客協力
			18	ホームページ
			19	コンセプトブック（小冊子）
		ブランディング	20	ポジショニング
			21	肩書き
			22	キャッチコピー
			23	USP
			24	プロフィール&写真
			25	オンリーワンテーマ
	商品開発力	専門知識	26	人材教育全般
			27	意識変革（専門分野）
		スキル	28	講義力
			29	場作り力
			30	人間力
			31	健康管理
			32	講師業を楽しむ
			33	カリスマ性
			34	アピアランス
		プログラム開発	35	セミナー企画力
			36	パンフレット
			37	ADDIE モデル
			38	プログラム構築力
			39	真実の瞬間
			40	検証と改善
				合計
				Point
				Plan

おわりに　すべての出来事は成長のためにある！

「はじめに」では、30代の前半に私自身がどん底に陥った経験について触れたが、本当のことを言うと、私は、40代の前半に、もっと深いどん底に陥ってしまったことがある。このことについては、いまはまだ詳しくは書けないが、それはもう本当に苦しく辛い体験だった。文字どおり、私は地獄の苦しみを味わった。

しかし、今になって振り返ってみると、30代前半と40代前半に味わったどん底の経験こそが、私を人間として一回りも二回りも大きく成長させてくれたと思っている。

これらの経験のおかげで、人の痛みや苦しみをわかることのできる人間になれたし、物事を深く考えることができるようになった。たくさんの人に支えてもらって這い上がってこられたので、人に心から感謝の気持ちを持てるようにもなった。また、逆境に対する免疫力がつき、ピンチにも動じない強い心になった。自分さえ諦めなければ、必ず夢は叶えることができるという確信を持てるようにもなった。

また、今、落ち込んでいる人を、堂々と力づけることができるようになった。クライアントに対して、大局的な視点からアドバイスをできるようにもなった。変化に対応する力もついた。リスクを察知できる嗅覚が発達したし、リスクを取れるようにもなった。そして、人に対する影響力も大きくなった。人に優しくなったとも思うし、人をリスペクトできるようにもなった。

ざっと挙げてみても、人間としての器が大きくなったと感じられることはこれだけある。もし、これほど浮き沈みのある人生ではなかったとしたら、まちがいなく、今の自分のようなパーソナリティーにはなっていなかっただろう。

もちろん、もっと安定した人生を送ってきたとしたら、それはそれで、そのほうが良かったと言えるかもしれないが、実際には、そうなってみないとわからないことだし、そんなことを考えても意味のないことだ。

ただ一つまちがいなく言えることは、過去の経験はすべて未来のどこかで生きてくるということだ。自分がまさにどん底にいると思っている時は、それが将来活かされる時が来るとはなかなか考えづらいが、何年か経ってから、すべての出来事には意味があったのだと気づく時がやって来る。

アップルの創業者スティーブ・ジョブズがスタンフォード大学で行った有名な演説をみなさんもご存じかと思う。ジョブズは次のように語っている。

未来に先回りして「点と点を繋げる」ことはできない。できるのは、過去を振り返って繋げることだけなんです。だからこそバラバラの点であっても、将来それが何らかのかたちで必ず繋がっていくと信じなくてはならない。自分の根性、運命、人生、カルマ……何でもいい。とにかく信じること。点が繋がって道となることを信じることで、心に確信を持てるのです。結果、人と違う道を行くことになっても、信じることですべてのことは、まちがいなく変わるのです。

点と点は、後になって必ず繋がる。だから、もしあなたが「なぜ私は今、こんな目に遭わなきゃいけないんだろう？」と思ったとしたら、まずはこのことを信じることだ。

そう信じることができたら、その瞬間から、あなたが直面している出来事や体験は、それがいかなることであったとしても、すべて、あなたが成長するためのトレーニングの場になる。

そうなれば、どん底だと思っていた現在の状況が、一転して、これから飛躍をするための糧となり、スタートラインへと変わってしまうのだ。

そして、もう一つ、これに加えてお伝えしたいメッセージがある。

それは、「現実をすべて受け入れた瞬間から、現実は変わり始める」ということだ。

ナチスの強制収容所に収監されていた経験をつづった『夜と霧』で有名なオーストリアの精神科医ヴィクトール・フランクルは、『死と愛』の中で、次のように述べている。

「人間が人生の意味は何かと問う前に、人生のほうが人間に対し問いを発してきている。だから人間は、本当は、生きる意味を問い求める必要などないのである。人間は、人生から問われている存在である。人間は、生きる意味を求めて問いを発するのではなく、人生からの問いに答えなくてはならない。そしてその答えは、それぞれの人生からの具体的な問いかけに対する具体的な答えでなくてはならない」

（ヴィクトール・フランクル／霜山徳爾訳『死と愛』みすず書房）

人生を、「自分のやりたいことをするための場」と捉えてしまうと、予期せぬトラブルや病気などに遭うと、それらはすべて邪魔なものにしかならない。

しかし、現実をすべて受け入れるようになると、見え方は180度変わる。トラブルや病気でさえも、何かを学ぶための試練と捉えることができるようになるのだ。すべての出来事に対して、どんな意味があるのかを自ら問うことができるようになる。

私たちの人生には、生きている限り、さまざまなことが起きる。「トラブルや病気のような〝与えられたもの〟に対してどういう態度を取りながら生きるかによって、その人の人生の真価がわかる」とフランクルは述べている。「人がいかなる苦境に追い込まれ、さまざまな能力や可能性が奪われても、実現の可能性が断たれることはないのだ」と。

「人生のほうが人間に対して問いを発している」と捉えれば、人は死の瞬間まで、人生から意味を奪われることはなくなる。「人生の意味」は、絶えず私たちに向けて発信され、私たちがそれを見つけて、実践していくのを待っているのだ。

だから、人生から目を背けてはいけない。どんなに今、辛い状況が目に前にあったとしても、それらはすべて、私たちが何かを学ぶために用意されたものだと考えてみよう。こちらが現実から目を反らし、どこかに逃げてしまうと、同じような体験が、形を変えて、また必ずやってくる。そこから何かを学び取るまで執拗《しつよう》に追いかけてくるのだ。

私は、人生には、越えなければならないレッスンがいくつも用意されているのだと思う。一人ひとりがユニークな体験をしに生まれてきているので、その内容については実にさまざまだし、レッスンの重さ、ハードさも一人ひとり違うが、絶対にクリアできないレッスンはない。無理だとあきらめない限り、必ずクリアすることができるはずだ。

一つのレッスンをやり終えるのに、何年もかかる場合もあるだろう。永遠に抜け出せないのではないかと思うこともあるだろう。真っ暗闇の中、孤独と不安に負けてしまいそうになることもあるだろう。しかし、そんな時こそ、「この体験は、私に何を問いかけているのだろうか?」と心に尋ねてみることだ。いつか必ず、答えが聴こえるようになる。パッと光が差し込んでくる。希望の光だ。この瞬間、あなたは一回り大きく成長を果たしている。

この激動の時代、これから先、何が起こるかはわからない。しかし、目の前に現れた現実の一つひとつをしっかり受け止め、味わい、そこからまた何かを学び、とどまることなく成長を続けていこう。それが私たちの生きる道なのではないだろうか。

2012年8月

千代鶴直愛

参考文献

『グローバル・ブレイン――情報ネットワーク社会と人間の課題』
ピーター・ラッセル／吉福伸逸訳　工作舎

『21世紀の歴史』
ジャック・アタリ／林昌宏訳　作品社

『ザ・シークレット』
ロンダ・バーン／角川書店

『成功への９ステップ』
ジェームス・スキナー／幻冬舎

『ミリオネア・マインド　大金持ちになれる人』
ハーブ・エッカー／本田健訳　三笠書房

『ユダヤ人大富豪の教え』
本田健／大和書房

『死と愛』
フィクトール・フランクル／霜山徳爾訳　みすず書房

プレゼント

ＨＰからアンケートにお答えいただいた方に、「ビジョン実現へのロードマップ」を、もれなく無料でプレゼントさせていただきます（お送りできるまでに数日から数週間かかる可能性がありますので、ご了承ください）。

アンケートＵＲＬ：http://www.nana-cc.com/corporate/books.html

千代鶴直愛（ちよづる・なおよし）

株式会社リード・コミュニケーションズ代表取締役
ビジネスパーソンの内なるパワーを解き放つ人材育成コンサルタント。業績不振にあえぐ大規模事業部を半年でＶ字回復させたり、低迷していた中堅企業をわずか２カ月で成長軌道に乗せたり、400店舗中ワースト20の店舗を２店全店舗中ベスト５に導く等、Ｖ字回復のプロフェッショナル。キャリア開発、意識変革、コミュニケーション、リーダーシップ、部下育成等のテーマで研修を行い、常時、受講者満足度95％以上のパフォーマンスを維持。中でも特に、40代管理職の人材育成を得意としており、業績の低迷に悩むマネジャーやミドルを、これまでことごとくよみがえらせてきた。２度にわたって人生のどん底から這い上がった自らの経験が、ビジネスパーソンに勇気を与える要因の一つとなっている。著書に『自分の値段がズバリわかる』（かんき出版）、『ビジネス・バカを極めろ』（ビーケイシー）、『「豊かさ王国」への完全移住マニュアル』（徳間書店）、『成功と幸せの法則　最終ハードル』（徳間書店・訳書）、『自信の作り方・持たせ方』（アイ・イーシー・通信教材）。

ＨＰ　：**株式会社リード・コミュニケーションズ http://lead-com.jp/**
※今なら、小冊子「40代の内なるパワーを解き放つ８つの鍵」を無料プレゼント！
Facebook：千代鶴直愛 http://www.facebook.com/naoyoshi.chiyozuru
メルマガ　：「モチベーション革命！」https://seminarexpert.jp/cgi/form?id=10003-41

Nanaブックス
0117

今、あなたがいるのはどん底じゃない。
これから上がっていくだけのスタートラインなんだ

2012年８月22日　　初版第１刷発行

著　者――千代鶴直愛
発行者――林 利和
編集人――渡邉春雄
発行所――株式会社ナナ・コーポレート・コミュニケーション
〒160-0022
東京都新宿区新宿1-26-6　新宿加藤ビルディング５Ｆ
TEL　03-5312-7473
FAX　03-5312-7476
URL　http://www.nana-cc.com
Twitter　@NanaBooks
※Nanaブックスは㈱ナナ・コーポレート・コミュニケーションの出版ブランドです

印刷・製本――シナノ書籍印刷株式会社
用　紙――株式会社鵬紙業

ISBN 978-4-904899-31-1 C0036
落丁・乱丁本は、送料小社負担にてお取り替えいたします。